KB019072

초등 5, 6학년 교과 단어 수록

혼공 초등 영단어 BASIC 1

혼공북스

영단어도 혼공으로 한다!!

이런 학생에게 좋아요!

주제별로 정리된 초등 필수 영단어 학습을 원하는 학생
단어를 이용한 문장에 대한 정확한 해석이 필요한 학생

이 책은 이래서 좋아요!

초등 필수 영단어 720여 개를 주요 문장 66개와 함께 공부할 수 있어요.

영단어, 영어 능력치를 올리는 핵심 요소!

❶ 초등 필수 영단어를 주제별, 순차적인 난이도로 구성했어요!

실생활과 밀접한 주제들로 구성된 영단어를 학습할 수 있어요.
주제별 단어들을 문장으로 확장하는 연습을 통해 영어 학습 능력과 쓰기 능력을 향상시켜 보세요.
유닛을 순서대로 학습하며 점차적으로 높아지는 난이도를 통해 성취감을 느껴보세요.

❷ 주제별로 구성된 단어를 오랫동안 기억할 수 있어요!

단어와 우리말 뜻만 수없이 반복하여 외우는 학습 방식은 NO!
서로 연관성이 있어 의미로 연상되는 단어들을 모아서 공부해요!
학습한 단어를 문장 패턴에 적용시키면
오랫동안 기억에 남는 공부를 할 수 있어요.
리뷰 테스트를 통해 단어 덩어리와 문장을 우리말과 영어로 써 보세요.
초등 단어는 물론 문장 쓰기도 쉬워지는 경험을 할 수 있어요.

1 주제별 단어 기본기 상승을 위한 단어 + 문장 훈련

주제별로 구성된 단어를 통한 연상 훈련

주제			
Grades 학년	**first** 형 첫 번째의 →	**second** 형 두 번째의 →	**third** 형 세 번째의 →
	fourth 형 네 번째의 →	**fifth** 형 다섯 번째의 →	**sixth** 형 여섯 번째의

단어를 문장으로 확장

first
형 첫 번째의

나는 1학년이다.
I am in the first grade.

second
형 두 번째의

나는 2학년이다.

2 오디오 콘텐츠 및 다양한 학습 활동

듣기 및 말하기 훈련을 위한 오디오 콘텐츠 제공
단어 및 표현을 학습한 후 퍼즐 등 다양한 활동을 통해 재확인

Check! <보기>의 우리말 뜻에 알맞은 영단어를 연결하고, 퍼즐 속에서 그 단어를 찾아보세요.

보기	
첫 번째의	third
두 번째의	first
세 번째의	fifth
네 번째의	second
다섯 번째의	fourth

k	l	f	s	f	e	t
f	o	i	a	o	a	s
i	n	r	d	u	s	e
f	g	s	y	r	q	c
t	w	t	e	t	c	o
h	a	l	b	h	b	n
t	h	i	r	d	e	d

이 책의 구성과 특징

1 문장으로 확장하는 주제별 단어

단어를 주제별로 학습하고 문장에 적용시켜 연습하다 보면 영어 능력치가 높아져요. QR 코드를 찍어 단어와 문장을 듣고 따라 써 보세요.

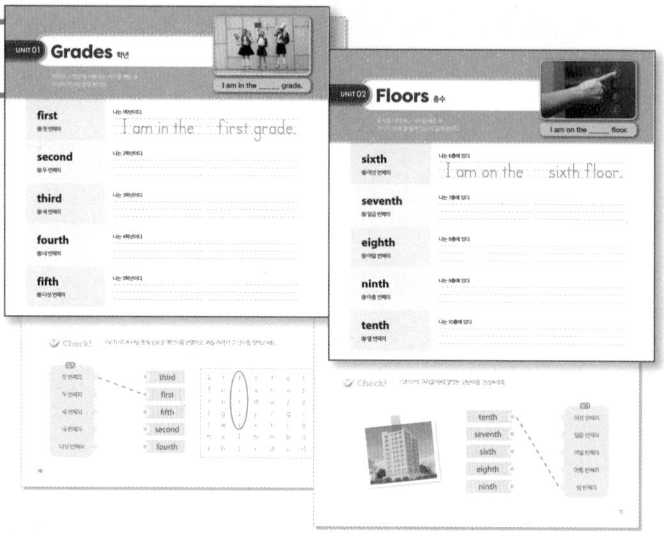

2 다양하고 체계적인 복습 활동

단어 퍼즐이나 퀴즈를 풀면서 재미있게 복습해요. 두 개의 유닛마다 제공되는 Exercises로 단어를 점검해요.

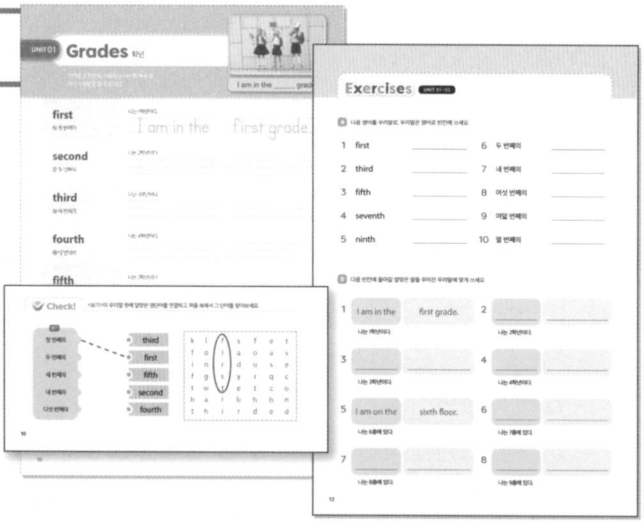

3 리뷰 테스트

여섯 개의 유닛마다 제공되는 리뷰 테스트를 통해 단어의 이해도를 점검할 수 있어요. 단어를 우리말과 영어로 써 보고 문장 속에서 재확인해 보세요.

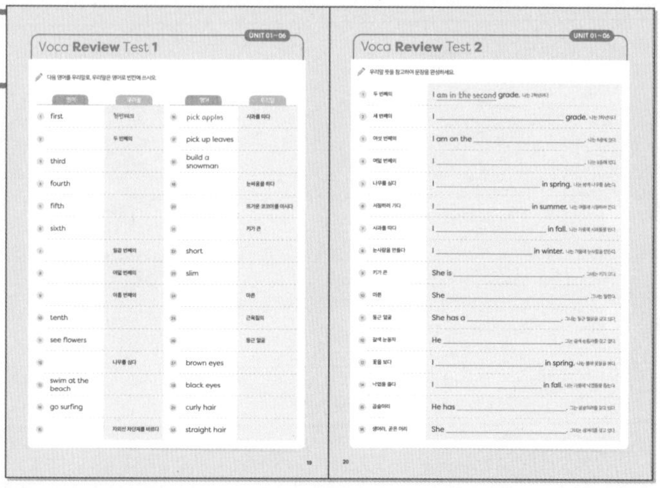

Unit 시작

이번 유닛에서 학습할 주제와 문장 패턴을 확인할 수 있어요.

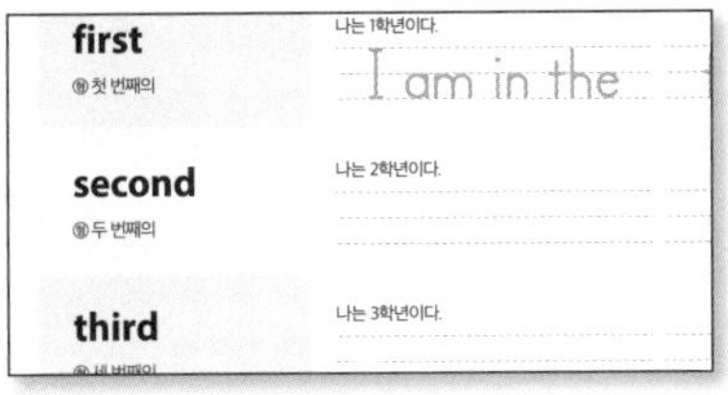

단어 연습

다양한 주제의 영단어를 학습할 수 있는 코너로,
주제별로 관련 있는 단어를 학습할 수 있어요.

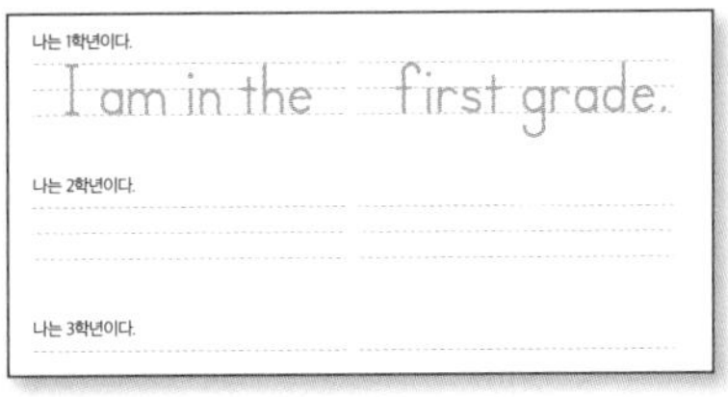

문장 쓰기

단어가 사용된 초등 주요 문장 패턴을 확인하고,
문장을 써 보며 학습할 수 있어요.

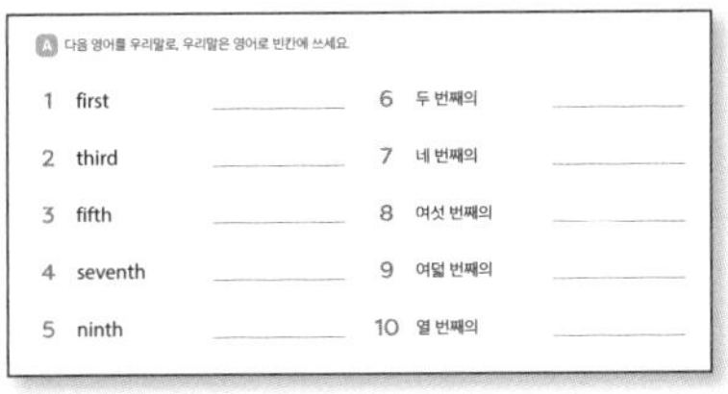

단어 확인

단어들을 우리말과 영어로 바꿔 써 보며 배운 단어들을
다시 복습할 수 있어요.

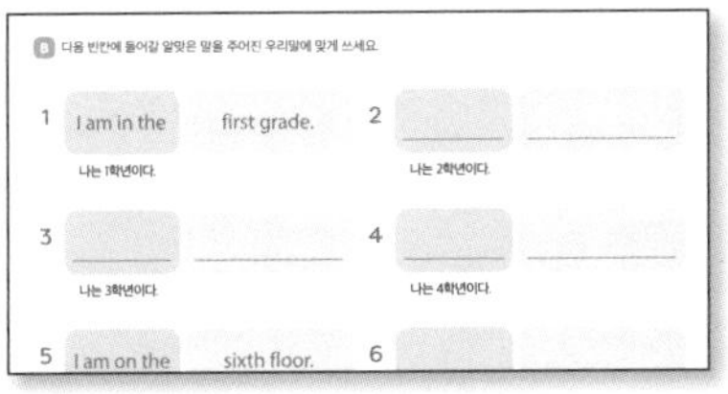

문장으로 재확인하기

앞서 익힌 문장 패턴을 응용하며 다양한 문장으로
확장할 수 있어요.

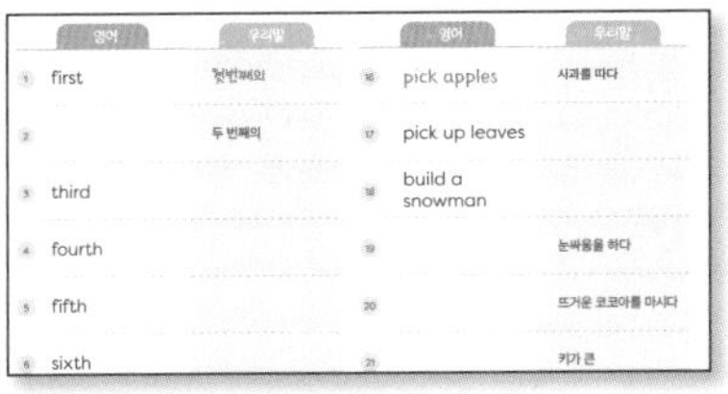

단어 복습

여섯 개의 유닛에서 등장한 단어를 우리말 또는 영어로 써 보며
복습할 수 있어요.

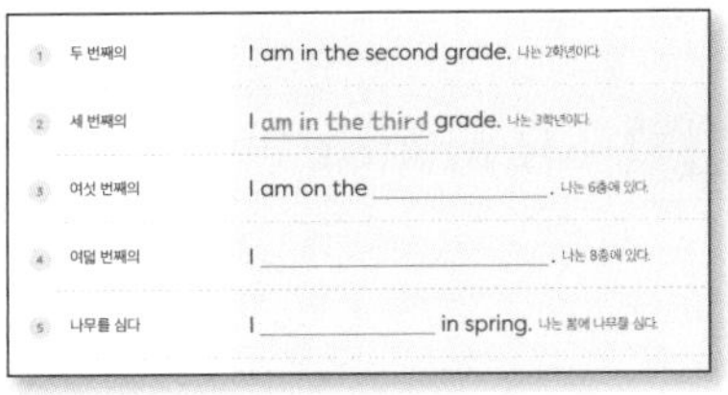

문장 복습

우리말 뜻에 맞게 빈칸에 알맞은 단어들을 넣어 문장을 완성하며
훨씬 쉬워진 문장 쓰기를 경험할 수 있어요.

차례

PART 1

각 UNIT의 QR 코드를 스캔하여
영단어, 영어 표현, 예시 문장을 듣고 따라해 보세요.

UNIT 01 **Grades**

오디오 QR 코드

UNIT 02 **Floors**

오디오 QR 코드

UNIT 03 **Seasons 1**

오디오 QR 코드

UNIT 04 **Seasons 2**

오디오 QR 코드

UNIT 05 **Looks 1**

오디오 QR 코드

UNIT 06 **Looks 2**

오디오 QR 코드

UNIT 01

Grades 학년

순서를 나타내는 서수를 배운 후
자신의 학년을 말해 보아요.

I am in the ______ grade.

first
㉻ 첫 번째의

나는 1학년이다.
I am in the first grade.

second
㉻ 두 번째의

나는 2학년이다.

third
㉻ 세 번째의

나는 3학년이다.

fourth
㉻ 네 번째의

나는 4학년이다.

fifth
㉻ 다섯 번째의

나는 5학년이다.

Check!

<보기>의 우리말 뜻에 알맞은 영단어를 연결하고, 퍼즐 속에서 그 단어를 찾아보세요.

보기	
첫 번째의	third
두 번째의	first
세 번째의	fifth
네 번째의	second
다섯 번째의	fourth

k	l	f	s	f	e	t
f	o	i	a	o	a	s
i	n	r	d	u	s	e
f	g	s	y	r	q	c
t	w	t	e	t	c	o
h	a	l	b	h	b	n
t	h	i	r	d	e	d

UNIT 02

Floors 층수

순서를 나타내는 서수를 배운 후
자신이 현재 몇 층에 있는지 말해 보아요.

I am on the ______ floor.

sixth

㉻ 여섯 번째의

나는 6층에 있다.

I am on the sixth floor.

seventh

㉻ 일곱 번째의

나는 7층에 있다.

eighth

㉻ 여덟 번째의

나는 8층에 있다.

ninth

㉻ 아홉 번째의

나는 9층에 있다.

tenth

㉻ 열 번째의

나는 10층에 있다.

Check! <보기>의 우리말 뜻에 알맞은 영단어를 연결하세요.

- tenth
- seventh
- sixth
- eighth
- ninth

보기

- 여섯 번째의
- 일곱 번째의
- 여덟 번째의
- 아홉 번째의
- 열 번째의

Exercises UNIT 01~02

A 다음 영어를 우리말로, 우리말은 영어로 빈칸에 쓰세요.

1 first ____________
2 third ____________
3 fifth ____________
4 seventh ____________
5 ninth ____________
6 두 번째의 ____________
7 네 번째의 ____________
8 여섯 번째의 ____________
9 여덟 번째의 ____________
10 열 번째의 ____________

B 다음 빈칸에 들어갈 알맞은 말을 주어진 우리말에 맞게 쓰세요.

1 I am in the / first grade.
나는 1학년이다.

2 ____________ ____________
나는 2학년이다.

3 ____________ ____________
나는 3학년이다.

4 ____________ ____________
나는 4학년이다.

5 I am on the / sixth floor.
나는 6층에 있다.

6 ____________ ____________
나는 7층에 있다.

7 ____________ ____________
나는 8층에 있다.

8 ____________ ____________
나는 9층에 있다.

UNIT 03

Seasons 1 계절

봄과 여름에 하면 좋은 활동을 나타내는 표현을 배운 후
그 계절에 어떤 활동을 하는지 말해 보아요.

I ______ in spring(summer).

see flowers
꽃을 보다

나는 봄에 꽃들을 본다.
I see flowers in spring.

plant a tree
나무를 심다

나는 봄에 나무를 심는다.
______ in spring.

swim at the beach
해변에서 수영하다

나는 여름에 해변에서 수영한다.
______ in summer.

go surfing
서핑하러 가다

나는 여름에 서핑하러 간다.
______ in summer.

wear sunscreen
자외선 차단제를 바르다

나는 여름에 자외선 차단제를 바른다.
______ in summer.

Check!

<보기>의 우리말 뜻에 알맞은 표현을 연결하고, 빈칸에 철자를 채워 넣으세요.

보기
- 꽃들을 보다
- 나무를 심다
- 해변에서 수영하다
- 서핑하러 가다
- 자외선 차단제를 바르다

- g☐ sur☐ing
- ☐lant a t☐ee
- wea☐ suns☐reen
- s☐im at the bea☐h
- s☐e flo☐ers

UNIT 04

Seasons 2 계절

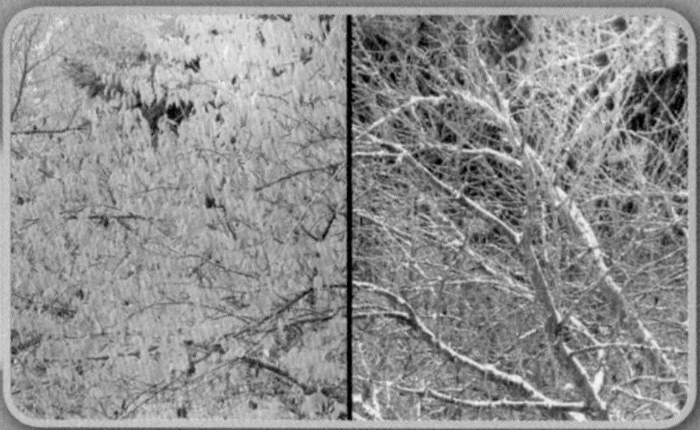

I ______ in fall(winter).

가을과 겨울에 주로 하는 활동을 나타내는 표현을 배운 후
그 계절에 어떤 활동을 하는지 말해 보아요.

pick apples
사과를 따다

나는 가을에 사과들을 딴다.
I pick apples in fall.

pick up leaves
낙엽을 줍다

나는 가을에 낙엽들을 줍는다.
______ in fall.

build a snowman
눈사람을 만들다

나는 겨울에 눈사람을 만든다.
______ in winter.

have a snow-ball fight
눈싸움을 하다

나는 겨울에 눈싸움을 한다.
______ in winter.

drink hot chocolate
뜨거운 코코아를 마시다

나는 겨울에 뜨거운 코코아를 마신다.
______ in winter.

Check!

빈칸에 알맞은 철자를 채워 넣고, <보기>에서 우리말 뜻을 찾아 연결하세요.

pi_k ap_les	•	• 사과들을 따다
pick u_ lea_es	•	• 눈사람을 만들다
b_ild a snow_an	•	• 뜨거운 코코아를 마시다
have a snow_all _ight	•	• 눈싸움을 하다
_rink hot cho_olate	•	• 낙엽들을 줍다

보기

Exercises UNIT 03~04

A 다음 영어를 우리말로, 우리말은 영어로 빈칸에 쓰세요.

1	see flowers	______	6	나무를 심다	______
2	swim at the beach	______	7	서핑하러 가다	______
3	wear sunscreen	______	8	눈싸움을 하다	______
4	pick up leaves	______	9	눈사람을 만들다	______
5	pick apples	______	10	뜨거운 코코아를 마시다	______

B 다음 빈칸에 들어갈 알맞은 말을 주어진 우리말에 맞게 쓰세요.

1 I see flowers in spring.
나는 봄에 꽃들을 본다.

2 ______ ______
나는 봄에 나무를 심는다.

3 ______ ______
나는 여름에 서핑하러 간다.

4 ______ ______
나는 여름에 자외선 차단제를 바른다.

5 I pick apples in fall.
나는 가을에 사과들을 딴다.

6 ______ ______
나는 가을에 낙엽들을 줍는다.

7 ______ ______
나는 겨울에 눈싸움을 한다.

8 ______ ______
나는 겨울에 뜨거운 코코아를 마신다.

UNIT 05

Looks 1 외모

사람의 키와 체형을 나타내는 단어를 배운 후
누군가의 키와 체형을 묘사해 보아요.

(S)He is ______.

tall
형 키가 큰

그녀는 키가 크다.

She is tall.

short
형 키가 작은

그는 키가 작다.

He is

slim
형 날씬한

그는 날씬하다.

thin
형 마른

그녀는 말랐다.

fit
형 건강한, 탄탄한

그는 건강하다.

Check!

<보기>의 우리말 뜻에 알맞은 영단어를 연결하고, 퍼즐 속에서 그 단어를 찾아보세요.

보기

- 키가 큰
- 키가 작은
- 날씬한
- 마른
- 건강한, 탄탄한

- thin
- fit
- short
- tall
- slim

p	g	a	g	s	e	q
u	s	c	f	i	t	r
p	l	i	u	o	u	t
b	i	t	h	i	n	a
p	m	e	w	m	y	l
s	h	o	r	t	w	l
a	l	g	d	b	o	m

UNIT 06

Looks 2 외모

사람의 외모적 특징을 나타내는 표현을 배운 후
누군가의 외모를 묘사해 보아요.

(S)He has (a) ______.

round face

둥근 얼굴

그녀는 둥근 얼굴을 갖고 있다.

She has a round face.

brown eyes

갈색 눈동자

그는 갈색 눈동자를 갖고 있다.

He has

black eyes

검은 눈동자

그녀는 검은 눈동자를 갖고 있다.

curly hair

곱슬머리

그는 곱슬머리를 갖고 있다.

straight hair

생머리, 곧은 머리

그녀는 생머리를 갖고 있다.

Check!

영어 표현에 알맞은 우리말 뜻을 <보기>에서 찾아 연결하세요.

- round face
- brown eyes
- black eyes
- curly hair
- straight hair

보기

- 곱슬머리
- 생머리, 곧은 머리
- 검은 눈동자
- 갈색 눈동자
- 둥근 얼굴

Exercises UNIT 05~06

A 다음 영어를 우리말로, 우리말은 영어로 빈칸에 쓰세요.

1 tall	________	6 키가 작은	________
2 slim	________	7 마른	________
3 fit	________	8 둥근 얼굴	________
4 brown eyes	________	9 검은 눈동자	________
5 curly hair	________	10 생머리, 곧은 머리	________

B 다음 빈칸에 들어갈 알맞은 말을 주어진 우리말에 맞게 쓰세요.

1 She is ________ tall.
그녀는 키가 크다.

2 ________ ________
그는 키가 작다.

3 ________ ________
그는 날씬하다.

4 ________ ________
그녀는 말랐다.

5 She has ________ a round face.
그녀는 둥근 얼굴을 갖고 있다.

6 ________ ________
그는 갈색 눈동자를 갖고 있다.

7 ________ ________
그는 곱슬머리를 갖고 있다.

8 ________ ________
그녀는 생머리를 갖고 있다.

Voca **Review** Test 1

다음 영어를 우리말로, 우리말은 영어로 빈칸에 쓰세요.

	영어	우리말		영어	우리말
1	first	첫 번째의	16	pick apples	사과를 따다
2		두 번째의	17	pick up leaves	
3	third		18	build a snowman	
4	fourth		19		눈싸움을 하다
5	fifth		20		뜨거운 코코아를 마시다
6	sixth		21		키가 큰
7		일곱 번째의	22	short	
8		여덟 번째의	23	slim	
9		아홉 번째의	24		마른
10	tenth		25		건강한, 탄탄한
11	see flowers		26		둥근 얼굴
12		나무를 심다	27	brown eyes	
13	swim at the beach		28	black eyes	
14	go surfing		29	curly hair	
15		자외선 차단제를 바르다	30	straight hair	

Voca **Review** Test **2**

우리말 뜻을 참고하여 문장을 완성하세요.

1	두 번째의	I am in the second grade. 나는 2학년이다.
2	세 번째의	I ______________________ grade. 나는 3학년이다.
3	여섯 번째의	I am on the ______________________. 나는 6층에 있다.
4	여덟 번째의	I ______________________. 나는 8층에 있다.
5	나무를 심다	I ______________________ in spring. 나는 봄에 나무를 심는다.
6	서핑하러 가다	I ______________________ in summer. 나는 여름에 서핑하러 간다.
7	사과를 따다	I ______________________ in fall. 나는 가을에 사과들을 딴다.
8	눈사람을 만들다	I ______________________ in winter. 나는 겨울에 눈사람을 만든다.
9	키가 큰	She is ______________________. 그녀는 키가 크다.
10	마른	She ______________________. 그녀는 말랐다.
11	둥근 얼굴	She has a ______________________. 그녀는 둥근 얼굴을 갖고 있다.
12	갈색 눈동자	He ______________________. 그는 갈색 눈동자를 갖고 있다.
13	꽃을 보다	I ______________________ in spring. 나는 봄에 꽃들을 본다.
14	낙엽을 줍다	I ______________________ in fall. 나는 가을에 낙엽들을 줍는다.
15	곱슬머리	He has ______________________. 그는 곱슬머리를 갖고 있다.
16	생머리, 곧은 머리	She ______________________. 그녀는 생머리를 갖고 있다.

PART 2

각 UNIT의 QR 코드를 스캔하여
영단어, 영어 표현, 예시 문장을 듣고 따라해 보세요.

UNIT 07 **My Day**

오디오 QR 코드

UNIT 08 **Food 1**

오디오 QR 코드

UNIT 09 **Food 2**

오디오 QR 코드

UNIT 10 **Tastes**

오디오 QR 코드

UNIT 11 **Feeling**

오디오 QR 코드

UNIT 12 **Meanings 1**

오디오 QR 코드

UNIT 07

My Day 나의 하루

It's time for ______.

하루 일과를 나타내는 단어를 배운 후
나의 하루 일과를 말해 보아요.

snack
㉠ 간식

간식 먹을 시간이다.

Tip 여러 종류의 간식을 먹을 때는 snack 뒤에 -s를 붙여요.

It's time for snacks.

homework
㉠ 숙제

숙제할 시간이다.

bath
㉠ 목욕

목욕할 시간이다.

Tip bath 앞에는 관사 a를 써요.

rest
㉠ 휴식

휴식할 시간이다.

walk
㉠ 산책

산책할 시간이다.

Tip walk 앞에는 관사 a를 써요.

Check!

다음 그림에 알맞은 단어를 <보기>에서 찾아 문장을 완성하세요.

보기
snack
homework
bath
rest
walk

It's time for a ______.

It's time for ______.

It's time for a ______.

UNIT 08 Food 1 음식

음식의 종류를 나타내는 단어를 배운 후
누군가에게 어떤 음식을 원하는지 물어보아요.

Do you want some ______?

noodle
명 국수, 면류

너는 국수를 좀 원하니?

Do you want some noodles?

meat
명 고기

너는 고기를 좀 원하니?

Tip 일반적으로 meat 뒤에는 -s를 쓰지 않아요.

vegetable
명 채소

너는 채소를 좀 원하니?

s?

fruit
명 과일

너는 과일을 좀 원하니?

Tip 일반적으로 fruit 뒤에는 -s를 쓰지 않아요.

dessert
명 후식, 디저트

너는 후식을 좀 원하니?

Tip 일반적으로 dessert 뒤에는 -s를 쓰지 않아요.

Check!

다음 그림에 알맞은 단어를 <보기>에서 찾아 쓰세요.

______

______

______

보기
noodle
meat
vegetable
fruit
dessert

Exercises UNIT 07~08

A 다음 영어를 우리말로, 우리말은 영어로 빈칸에 쓰세요.

1 snack	________	6 숙제	________
2 bath	________	7 휴식	________
3 walk	________	8 국수, 면류	________
4 meat	________	9 채소	________
5 fruit	________	10 후식, 디저트	________

B 다음 빈칸에 들어갈 알맞은 말을 주어진 우리말에 맞게 쓰세요.

1 It's time for / snacks.
간식 시간이다.

2 ________ / ________
숙제할 시간이다.

3 ________ / ________
목욕할 시간이다.

4 ________ / ________
휴식할 시간이다.

5 Do you want / some noodles?
너는 국수를 좀 원하니?

6 ________ / ________
너는 고기를 좀 원하니?

7 ________ / ________s?
너는 채소를 좀 원하니?

8 ________ / ________
너는 후식을 좀 원하니?

UNIT 09

Food 2 음식

다양한 요리를 나타내는 표현을 배운 후
어떤 음식을 먹고 싶은지 말해 보아요.

I'd like to have ________.

beef curry
소고기 카레

나는 소고기 카레를 먹고 싶다.
I'd like to have beef curry.

shrimp burger
새우버거

나는 새우버거를 먹고 싶다.
a

egg sandwich
달걀 샌드위치

나는 달걀 샌드위치를 먹고 싶다.
an

chicken salad
닭고기 샐러드

나는 닭고기 샐러드를 먹고 싶다.

apple pie
사과 파이

나는 사과 파이를 먹고 싶다.

Check!

<보기>의 우리말 뜻에 알맞은 표현을 연결하고, 빈칸에 철자를 채워 넣으세요.

보기
- 소고기 카레
- 새우버거
- 달걀 샌드위치
- 닭고기 샐러드
- 사과 파이

- a ☐ple pi ☐
- ☐gg sandw ☐ch
- shrim ☐ bur ☐er
- chi ☐ken ☐alad
- b ☐ef c ☐rry

UNIT 10

Tastes 맛

음식의 맛을 표현하는 단어를 배운 후
음식의 맛이 어떤지 말해 보아요.

It is ____________.

delicious
형 맛있는

그것은 맛있다.
It is delicious.

salty
형 (맛이) 짠

그것은 짜다.

sour
형 (맛이) 신

그것은 시다.

sweet
형 달콤한

그것은 달콤하다.

spicy
형 매운

그것은 맵다.

Check!

다음 그림에 알맞은 단어를 <보기>에서 찾아 쓰세요.

____

____

____

____

보기
salty
sour
sweet
spicy

Exercises UNIT 09~10

A 다음 영어를 우리말로, 우리말은 영어로 빈칸에 쓰세요.

1 beef curry ____________

2 egg sandwich ____________

3 apple pie ____________

4 salty ____________

5 sweet ____________

6 새우버거 ____________

7 닭고기 샐러드 ____________

8 맛있는 ____________

9 (맛이) 신 ____________

10 매운 ____________

B 다음 빈칸에 들어갈 알맞은 말을 주어진 우리말에 맞게 쓰세요.

1 I'd like to have beef curry.
나는 소고기 카레를 먹고 싶다.

2 ____________ a ____________
나는 새우버거를 먹고 싶다.

3 ____________ an ____________
나는 달걀 샌드위치를 먹고 싶다.

4 ____________ ____________
나는 사과 파이를 먹고 싶다.

5 It is delicious.
그것은 맛있다.

6 ____________ ____________
그것은 시다.

7 ____________ ____________
그것은 짜다.

8 ____________ ____________
그것은 맵다.

UNIT 11

Feeling 느낌

느낌이나 기분을 나타내는 단어를 배운 후
기분이 어떤지 말해 보아요.

He feels ______.

bored
㉻ 지루한

그는 지루한 느낌이다.

He feels bored.

busy
㉻ 바쁜

그는 바쁜 느낌이다.

mad
㉻ 몹시 화가 난

그는 몹시 화가 난 느낌이다.

sleepy
㉻ 졸린

그는 졸린 느낌이다.

thirsty
㉻ 목마른

그는 목마른 느낌이다.

Check!

<보기>의 우리말 뜻에 알맞은 영단어를 연결하고, 퍼즐 속에서 그 단어를 찾아보세요.

보기	
지루한	sleepy
바쁜	bored
몹시 화가 난	busy
졸린	thirsty
목마른	mad

b	u	s	y	c	t	n
o	h	i	r	s	h	y
r	d	u	b	c	i	m
e	s	m	a	d	r	y
d	u	r	l	y	s	x
v	t	s	r	i	t	p
s	l	e	e	p	y	o

UNIT 12

Meanings 1 의미

형용사와 부사의 형태가 같은 단어를 배운 후
각기 다른 문장 형식으로 말해 보아요.

fast
㉪ 빠른

그녀는 빠르다.

She is fast.

fast
㉭ 빠르게

그녀는 빠르게 달린다.

She runs

late
㉪ 늦은

그녀는 늦는다.

She is

late
㉭ 늦게

그녀는 늦게 일어난다.

She gets up

high
㉪ 높은

그것은 높은 벽이다.

It is a wall.

high
㉭ 높게

그것은 높이 난다.

It flies

Tip 형용사와 부사의 형태가 같은 단어들을 더 배워 보아요.

단어

early	• 이른	It is an **early** breakfast. 그것은 이른 아침식사이다.
	• 일찍	He gets up **early.** 그는 일찍 일어난다.
hard	• 열심히 하는	He is a **hard** worker. 그는 열심히 일하는 노동자이다.
	• 열심히	He works **hard.** 그는 열심히 일한다.

Exercises UNIT 11~12

A 다음 영어를 우리말로, 우리말은 영어로 빈칸에 쓰세요.

1 bored ______________

2 mad ______________

3 thirsty ______________

4 fast ______ ; ______

5 바쁜 ______________

6 졸린 ______________

7 늦은; 늦게 ______________

8 높은; 높게 ______________

B 다음 빈칸에 들어갈 알맞은 말을 주어진 우리말에 맞게 쓰세요.

1 He feels ______ bored. ______
그는 지루한 느낌이다.

2 ______ ______
그는 바쁜 느낌이다.

3 ______ ______
그는 목마른 느낌이다.

4 ______ ______
그는 몹시 화가 난 느낌이다.

5 She is ______ fast. ______
그녀는 빠르다.

6 She runs ______ ______
그녀는 빠르게 달린다.

7 She is ______ ______
그녀는 늦는다.

8 She gets up ______ ______
그녀는 늦게 일어난다.

Voca **Review** Test 1

다음 영어를 우리말로, 우리말은 영어로 빈칸에 쓰세요.

	영어	우리말
1	snack	간식
2		숙제
3	bath	
4	rest	
5	walk	
6	noodle	
7		고기
8		채소
9		과일
10	dessert	
11	beef curry	
12		새우버거
13	egg sandwich	
14	chicken salad	

	영어	우리말
15	apple pie	사과 파이
16	delicious	
17	salty	
18	sour	
19		달콤한
20		매운
21		지루한
22	busy	
23	mad	
24	sleepy	
25		목마른
26		빠른; 빠르게
27		늦은; 늦게
28	high	;

UNIT 07~12

Voca **Review** Test **2**

우리말 뜻을 참고하여 문장을 완성하세요.

1	간식	It's time for snacks. 간식 시간이다.
2	산책	It's ______________. 산책할 시간이다.
3	국수, 면류	Do you want some ______________? 너는 국수를 좀 원하니?
4	채소	Do ______________? 너는 채소를 좀 원하니?
5	소고기 카레	I'd like to have ______________. 나는 소고기 카레를 먹고 싶다.
6	닭고기 샐러드	I'd ______________. 나는 닭고기 샐러드를 먹고 싶다.
7	맛있는	It is ______________. 그것은 맛있다.
8	매운	It ______________. 그것은 맵다.
9	지루한	He feels ______________. 그는 지루한 느낌이다.
10	몹시 화가 난	He ______________. 그는 몹시 화가 난 느낌이다.
11	빠른	She is ______________. 그녀는 빠르다.
12	빠르게	She runs ______________. 그녀는 빠르게 달린다.
13	늦은	She is ______________. 그녀는 늦는다.
14	늦게	She gets up ______________. 그녀는 늦게 일어난다.
15	휴식	It's ______________. 휴식할 시간이다.
16	목마른	He feels ______________. 그는 목마른 느낌이다.

PART 3

각 UNIT의 QR 코드를 스캔하여
영단어, 영어 표현, 예시 문장을 듣고 따라해 보세요.

UNIT 13 **Countries 1**

오디오 QR 코드

UNIT 14 **Countries 2**

오디오 QR 코드

UNIT 15 **Nature 1**

오디오 QR 코드

UNIT 16 **Nature 2**

오디오 QR 코드

UNIT 17 **Clothes**

오디오 QR 코드

UNIT 18 **Subjects**

오디오 QR 코드

UNIT 13

Countries 1 국가

여러 국가를 나타내는 명사를 배운 후
자신이 어느 나라에서 왔는지 말해 보아요.

I'm from ____________.

Korea
명 한국

나는 한국 출신이다.
I'm from Korea.

The United States
명 미국

나는 미국 출신이다.

Germany
명 독일

나는 독일 출신이다.

China
명 중국

나는 중국 출신이다.

Japan
명 일본

나는 일본 출신이다.

Check!

<보기>의 우리말 뜻에 알맞은 영단어를 연결하고, 퍼즐 속에서 그 단어를 찾아보세요.

보기
- 한국
- 미국
- 독일
- 중국
- 일본

- Germany
- Korea
- The U. S. (United States)
- Japan
- China

w	s	l	b	c	j	g
q	s	t	y	g	a	e
k	o	r	e	a	p	r
i	l	i	z	s	a	m
z	m	c	h	i	n	a
e	f	r	a	n	c	n
t	h	e	u	s	m	y

UNIT 14

Countries 2 국가

여러 국가별 형용사를 배운 후
어떤 나라의 음식을 좋아하는지 말해 보아요.

I like ______ food.

Korean

형 한국의

나는 한국 음식을 좋아한다.

I like Korean food.

American

형 미국의

나는 미국 음식을 좋아한다.

German

형 독일의

나는 독일 음식을 좋아한다.

Chinese

형 중국의

나는 중국 음식을 좋아한다.

Japanese

형 일본의

나는 일본 음식을 좋아한다.

Check!

빈칸에 알맞은 철자를 채워 넣고, <보기>에서 우리말 뜻을 찾아 연결하세요.

국가명	국가별 형용사
Korea	Korea__
The United States	A__erican
Germany	Ge__ma__
China	Chin__se
Japan	Japane__e

보기
- 미국의
- 독일의
- 일본의
- 중국의
- 한국의

Exercises UNIT 13~14

A 다음 영어를 우리말로, 우리말은 영어로 빈칸에 쓰세요.

1 Korea ________	6 독일 ________
2 The United States ________	7 중국 ________
3 Japan ________	8 한국의 ________
4 Chinese ________	9 미국의 ________
5 German ________	10 일본의 ________

B 다음 빈칸에 들어갈 알맞은 말을 주어진 우리말에 맞게 쓰세요.

1 I'm from Korea.
나는 한국 출신이다.

2 ________ ________
나는 독일 출신이다.

3 ________ ________
나는 중국 출신이다.

4 ________ ________
나는 일본 출신이다.

5 I like Korean food.
나는 한국 음식을 좋아한다.

6 ________ ________
나는 미국 음식을 좋아한다.

7 ________ ________
나는 독일 음식을 좋아한다.

8 ________ ________
나는 일본 음식을 좋아한다.

UNIT 15

Nature 1 자연

자연을 나타내는 단어를 배운 후
아름다운 자연을 보라고 말해 보아요.

Look at the ______.

star

명 별

별들을 봐.

Look at the stars.

rainbow

명 무지개

무지개를 봐.

sky

명 하늘

하늘을 봐.

moon

명 달

달을 봐.

cloud

명 구름

구름을 봐.

Check!

<보기>의 우리말 뜻에 알맞은 영단어를 연결하고, 퍼즐 속에서 그 단어를 찾아보세요.

보기

- 별
- 무지개
- 하늘
- 달
- 구름

- sky
- star
- moon
- cloud
- rainbow

p	u	g	u	q	a	o
r	a	i	n	b	o	w
s	k	y	c	o	s	d
t	b	r	l	c	e	h
a	t	m	o	o	n	f
r	h	v	u	y	k	h
v	r	w	d	t	q	d

UNIT 16

Nature 2 자연

자연을 묘사하는 단어를 배운 후
눈에 보이는 자연을 표현해 보아요.

It looks ____________.

bright

형 빛나는, 밝은

그것은 빛나게 보인다.

It looks bright.

colorful

형 색채가 풍부한

그것은 색채가 풍부해 보인다.

beautiful

형 아름다운

그것은 아름다워 보인다.

peaceful

형 평화로운

그것은 평화로워 보인다.

wonderful

형 훌륭한, 놀라운

그것은 훌륭해 보인다.

Check!

<보기>의 우리말 뜻에 알맞은 영단어를 연결하고, 퍼즐 속에서 그 단어를 찾아보세요.

보기

- 빛나는, 밝은
- 색채가 풍부한
- 아름다운
- 평화로운
- 훌륭한, 놀라운

- colorful
- beautiful
- bright
- wonderful
- peaceful

c	o	l	o	r	f	u	l	p
a	q	e	g	b	i	o	u	e
v	b	r	i	g	h	t	p	a
b	s	t	h	a	w	d	v	c
x	w	e	t	o	i	m	w	e
w	c	u	y	j	m	p	n	f
s	e	r	t	l	s	h	w	u
b	e	a	u	t	i	f	u	l
w	o	n	d	e	r	f	u	l

Exercises UNIT 15~16

A 다음 영어를 우리말로, 우리말은 영어로 빈칸에 쓰세요.

1 star ____________

2 sky ____________

3 moon ____________

4 colorful ____________

5 peaceful ____________

6 무지개 ____________

7 구름 ____________

8 빛나는, 밝은 ____________

9 아름다운 ____________

10 훌륭한, 놀라운 ____________

B 다음 빈칸에 들어갈 알맞은 말을 주어진 우리말에 맞게 쓰세요.

1 Look at the ____ stars.
별들을 봐.

2 ____________ ____________
달을 봐.

3 ____________ ____________
구름을 봐.

4 ____________ ____________
무지개를 봐.

5 It looks ____ bright.
그것은 빛나게 보인다.

6 ____________ ____________
그것은 색채가 풍부해 보인다.

7 ____________ ____________
그것은 평화로워 보인다.

8 ____________ ____________
그것은 훌륭해 보인다.

UNIT 17

Clothes 옷

옷의 종류를 나타내는 단어를 배운 후
누군가에게 어떤 옷을 입으라고 말해 보아요.

Put on your ______.

coat

명 외투

네 외투를 입어라.

Put on your coat.

shorts

명 반바지

네 반바지를 입어라.

pants

명 바지

네 바지를 입어라.

skirt

명 치마

네 치마를 입어라.

pajamas

명 잠옷

네 잠옷을 입어라.

Check!

<보기>의 우리말 뜻에 알맞은 영단어를 연결하고, 퍼즐 속에서 그 단어를 찾아보세요.

보기

- 외투
- 반바지
- 바지
- 치마
- 잠옷

- skirt
- coat
- shorts
- pajamas
- pants

m	t	n	a	p	d	x
s	h	p	a	n	t	s
e	r	i	h	s	o	h
n	s	k	i	r	t	o
t	h	d	c	f	y	r
a	k	i	c	o	a	t
p	a	j	a	m	a	s

UNIT 18

Subjects 과목

과목을 나타내는 명사를 배운 후
자신이 가장 좋아하는 과목을 말해 보아요.

My favorite subject is ____.

math

명 수학 (= mathematics)

내가 가장 좋아하는 과목은 수학이다.

My favorite subject is math.

science

명 과학

내가 가장 좋아하는 과목은 과학이다.

English

명 영어

내가 가장 좋아하는 과목은 영어이다.

social studies

명 사회

내가 가장 좋아하는 과목은 사회이다.

P. E.

명 체육 (= Physical Education)

내가 가장 좋아하는 과목은 체육이다.

Check!

다음 그림에 알맞은 영단어에 동그라미 하고, <보기>에서 우리말 뜻을 찾아 쓰세요.

science / social studies

______

P. E. / math

______

보기: 수학 / 과학 / 영어 / 사회 / 체육

Exercises UNIT 17~18

A 다음 영어를 우리말로, 우리말은 영어로 빈칸에 쓰세요.

1 coat ______

2 pants ______

3 skirt ______

4 science ______

5 social studies ______

6 반바지 ______

7 잠옷 ______

8 수학 ______

9 영어 ______

10 체육 ______

B 다음 빈칸에 들어갈 알맞은 말을 주어진 우리말에 맞게 쓰세요.

1 Put on your coat.
네 외투를 입어라.

2 ______ ______
네 바지를 입어라.

3 ______ ______
네 잠옷을 입어라.

4 ______ ______
네 치마를 입어라.

5 My favorite subject is math.
내가 가장 좋아하는 과목은 수학이다.

6 ______ ______
내가 가장 좋아하는 과목은 과학이다.

7 ______ ______
내가 가장 좋아하는 과목은 사회이다.

8 ______ ______
내가 가장 좋아하는 과목은 영어이다.

UNIT 13~18

Voca **Review** Test 1

다음 영어를 우리말로, 우리말은 영어로 빈칸에 쓰세요.

	영어	우리말		영어	우리말
1	Korea	한국	16	bright	빛나는, 밝은
2		미국	17	colorful	
3	Germany		18	beautiful	
4	China		19		평화로운
5	Japan		20		훌륭한, 놀라운
6	Korean		21		외투
7		미국의	22	shorts	
8		독일의	23	pants	
9		중국의	24	skirt	
10	Japanese		25		잠옷
11	star		26		수학
12		무지개	27		과학
13	sky		28	English	
14	moon		29	social studies	
15		구름	30	P. E.	

Voca **Review** Test **2**

우리말 뜻을 참고하여 문장을 완성하세요.

1	한국	I'm from Korea. 나는 한국 출신이다.
2	미국	I'm ______________. 나는 미국 출신이다.
3	독일의	I like ______________ food. 나는 독일 음식을 좋아한다.
4	중국의	I ______________. 나는 중국 음식을 좋아한다.
5	별	Look at the ______________. 별들을 봐.
6	달	Look ______________. 달을 봐.
7	색채가 풍부한	It looks ______________. 그것은 색채가 풍부해 보인다.
8	평화로운	It ______________. 그것은 평화로워 보인다.
9	외투	Put on your ______________. 네 외투를 입어라.
10	반바지	Put ______________. 네 반바지를 입어라.
11	수학	My favorite subject is ______________. 내가 가장 좋아하는 과목은 수학이다.
12	사회	My ______________. 내가 가장 좋아하는 과목은 사회이다.
13	미국의	I like ______________ food. 나는 미국 음식을 좋아한다.
14	한국의	I ______________. 나는 한국 음식을 좋아한다.
15	빛나는	It looks ______________. 그것은 빛나게 보인다.
16	아름다운	It ______________. 그것은 아름다워 보인다.

PART 4

각 UNIT의 QR 코드를 스캔하여
영단어, 영어 표현, 예시 문장을 듣고 따라해 보세요.

UNIT 19 **Do it**

오디오 QR 코드

UNIT 20 **Don't do it**

오디오 QR 코드

UNIT 21 **Request**

오디오 QR 코드

UNIT 22 **Hobby 1**

오디오 QR 코드

UNIT 23 **Verbs 1**

오디오 QR 코드

UNIT 24 **Opposites 1**

오디오 QR 코드

UNIT 19

Do it 명령, 부탁

특정한 행동을 나타내는 표현을 배운 후
누군가에게 부탁해 보아요.

_______________, please.

open the door
문을 열다

그 문을 열어 주세요.

Open the door, please.

close the window
창문을 닫다

그 창문을 닫아 주세요.

speak slowly
천천히 말하다

천천히 말해 주세요.

wash one's hands
손을 씻다

당신의 손을 씻어 주세요.

wear a swimming cap
수영 모자를 쓰다

수영 모자를 써 주세요.

Check!

다음 그림에 알맞은 단어를 <보기>에서 찾아 문장을 완성하세요.

보기
open
close
speak
wash
wear

_______________ the door, please.

_______________ a swimming cap, please.

_______________ your hands, please.

UNIT 20

Don't do it 금지

Don't ____________.

공공장소에서 할 수 있는 행동에 대한 표현을 배운 후
누군가에게 하지 말라고 말해 보아요.

run in the classroom
교실에서 뛰다

교실에서 뛰지 마라.
Don't run in the classroom.

touch it
그것을 만지다

그것을 만지지 마라.

push one's friend
친구를 밀다

네 친구를 밀지 마라.

enter here
여기에 들어오다

여기에 들어오지 마라.

eat food
음식을 먹다

음식을 먹지 마라.

Check! 다음 그림에 알맞은 단어를 <보기>에서 찾아 문장을 완성하세요.

Don't ________ in the classroom.

Don't ________ food.

Don't ________ here.

보기

run
touch
push
enter
eat

Exercises UNIT 19~20

A 다음 영어를 우리말로, 우리말은 영어로 빈칸에 쓰세요.

1 open the door ________

2 wash one's hands ________

3 wear a swimming cap ________

4 touch it ________

5 enter here ________

6 창문을 닫다 ________

7 천천히 말하다 ________

8 교실에서 뛰다 ________

9 친구를 밀다 ________

10 음식을 먹다 ________

B 다음 빈칸에 들어갈 알맞은 말을 주어진 우리말에 맞게 쓰세요.

1 Open the door, please.
문을 열어 주세요.

2 ________ ________
천천히 말해 주세요.

3 ________ ________
수영 모자를 써 주세요.

4 ________ ________
당신의 손을 씻어 주세요.

5 Don't run in the classroom.
교실에서 뛰지 마라.

6 ________ ________
여기에 들어오지 마라.

7 ________ ________
음식을 먹지 마라.

8 ________ ________
네 친구를 밀지 마라.

UNIT 21

Request 요청

특정한 행동을 나타내는 표현을 배운 후
누군가에게 허락을 구해 보아요.

May I ___________?

take a picture
사진을 찍다

내가 사진을 찍어도 되니?
May I take a picture?

use a pen
펜을 사용하다

내가 펜을 사용해도 되니?

watch TV
TV를 보다

내가 TV를 봐도 되니?

bring a dog
개를 데려오다

내가 개를 데리고 와도 되니?

go to the restroom
화장실에 가다

내가 화장실에 가도 되니?

Check!

빈칸에 알맞은 철자를 채워 넣고, <보기>에서 우리말 뜻을 찾아 연결하세요.

보기

보기	
사진을 찍다	g __ to the rest __ oom
펜을 사용하다	bri __ g a d __ g
TV를 보다	wa __ ch TV
개를 데려오다	__ se a pe __
화장실에 가다	ta __ e a pic __ ure

UNIT 22

Hobby 1 취미

취미를 나타내는 표현을 배운 후
어떤 활동을 자주 하는지 말해 보아요.

I ______ every Tuesday.

ride a bike

자전거를 타다

나는 화요일마다 자전거를 탄다.

I ride a bike every Tuesday.

make cookies

쿠키를 만들다

나는 화요일마다 쿠키들을 만든다.

play a game

게임을 하다

나는 화요일마다 게임을 한다.

go to the library

도서관에 가다

나는 화요일마다 도서관에 간다.

draw a picture

그림을 그리다

나는 화요일마다 그림들을 그린다.

Check!

다음 그림에 알맞은 표현을 <보기>에서 찾아 쓰세요.

보기

- ride a bike
- make cookies
- play a game
- go to the library
- draw a picture

Exercises UNIT 21~22

A 다음 영어를 우리말로, 우리말은 영어로 빈칸에 쓰세요.

1 take a picture ______________	6 펜을 사용하다 ______________
2 watch TV ______________	7 개를 데려오다 ______________
3 go to the restroom ______________	8 자전거를 타다 ______________
4 make cookies ______________	9 게임을 하다 ______________
5 go to the library ______________	10 그림을 그리다 ______________

B 다음 빈칸에 들어갈 알맞은 말을 주어진 우리말에 맞게 쓰세요.

1 May I / take a picture?
내가 사진을 찍어도 되니?

2 ______ ______________
내가 펜을 사용해도 되니?

3 ______ ______________
내가 TV를 봐도 되니?

4 ______ ______________
내가 개를 데려와도 되니?

5 I ride a bike / every Tuesday.
나는 화요일마다 자전거를 탄다.

6 ______________ ______________
나는 화요일마다 그림들을 그린다.

7 ______________ ______________
나는 화요일마다 게임을 한다.

8 ______________ ______________
나는 화요일마다 도서관에 간다.

Verbs 1 동사

특정한 동작을 나타내는 동사를 배운 후 동사 뒤에 -ing를 붙여
누군가가 현재 하고 있는 행동을 묘사해 보아요.

He's ______ing.

clap
동 박수를 치다

그는 박수를 치고 있다.

He's clapping.

cough
동 기침하다

그는 기침하고 있다.

cry
동 울다

그는 울고 있다.

laugh
동 (소리 내어) 웃다

그는 웃고 있다.

hop
동 (한 발로) 깡충 뛰다

그는 깡충 뛰고 있다. (hop - hopping)

Check!

<보기>의 우리말 뜻에 알맞은 영단어를 연결하고, 퍼즐 속에서 그 단어를 찾아보세요.

보기	영단어
박수를 치다	cry
기침하다	hop
울다	clap
(소리 내어) 웃다	cough
(한 발로) 깡충 뛰다	laugh

c	l	a	p	w	y	n
o	y	k	j	q	k	a
u	k	d	m	n	h	e
g	s	l	a	u	g	h
h	o	p	w	h	u	s
c	a	l	s	c	r	y
d	e	m	y	g	u	e

UNIT 24

Opposites 1 반대말

서로 반대되는 의미를 가진 동사를 배운 후
우리가 하는 일반적인 동작을 표현해 보아요.

teach
동 가르치다

나는 수학을 가르친다.

I teach math.

learn
동 배우다

나는 수학을 배운다.

math.

give
동 주다

나는 그 장난감을 준다.

the toy.

take
동 가져가다

나는 그 장난감을 가져간다.

the toy.

work
동 일하다

나는 행복하게 일한다.

happily.

play
동 놀다

나는 행복하게 논다.

happily.

Tip 반대의 의미를 가진 동사들을 더 배워 보아요.

arrive 출발하다 - **depart** 도착하다
fall 떨어지다 - **rise** 오르다
come 오다 - **go** 가다
stop 멈추다 - **start** 시작하다

Exercises UNIT 23~24

A 다음 영어를 우리말로, 우리말은 영어로 빈칸에 쓰세요.

1	clap	______	6	기침하다	______
2	laugh	______	7	울다	______
3	hop	______	8	가르치다	______
4	learn	______	9	주다	______
5	take	______	10	일하다	______

B 다음 빈칸에 들어갈 알맞은 말을 주어진 우리말에 맞게 쓰세요.

1 He's / coughing.
그는 기침하고 있다.

2 ______ / ______
그는 박수를 치고 있다.

3 ______ / ______
그는 깡충 뛰고 있다.

4 ______ / ______
그는 울고 있다.

5 I teach / math.
나는 수학을 가르친다.

6 ______ / math.
나는 수학을 배운다.

7 ______ / the toy.
나는 그 장난감을 준다.

8 ______ / the toy.
나는 그 장난감을 가져간다.

UNIT 19~24

Voca **Review** Test 1

다음 영어를 우리말로, 우리말은 영어로 빈칸에 쓰세요.

	영어	우리말
1	open the door	문을 열다
2		창문을 닫다
3	speak slowly	
4	wash one's hands	
5	wear a swimming cap	
6	run in the classroom	
7		그것을 만지다
8		친구를 밀다
9		여기에 들어오다
10	eat food	
11	take a picture	
12		펜을 사용하다
13	watch TV	
14	bring a dog	
15		화장실에 가다
16	ride a bike	

	영어	우리말
17	make cookies	쿠키를 만들다
18	play a game	
19		도서관에 가다
20		그림을 그리다
21		박수를 치다
22	cough	
23	cry	
24	laugh	
25		(한 발로) 깡충 뛰다
26		가르치다
27		배우다
28	give	
29	take	
30	work	
31	play	

Voca **Review** Test 2

우리말 뜻을 참고하여 문장을 완성하세요.

1	문을 열다	Open the door, please. 그 문을 열어 주세요.
2	창문을 닫다	________________, please. 그 창문을 닫아 주세요.
3	여기에 들어오다	Don't ________________. 여기에 들어오지 마라.
4	음식을 먹다	________________. 음식을 먹지 마라.
5	사진을 찍다	May I ________________? 내가 사진을 찍어도 되니?
6	개를 데려오다	May ________________? 내가 개를 데리고 와도 되니?
7	자전거를 타다	I ________________ every Tuesday. 나는 화요일마다 자전거를 탄다.
8	도서관에 가다	I ________________. 나는 화요일마다 도서관에 간다.
9	울다	He's ________________ing. 그는 울고 있다.
10	(소리 내어) 웃다	He's ________________. 그는 웃고 있다.
11	가르치다	I ________________ math. 나는 수학을 가르친다.
12	배우다	I ________________ math. 나는 수학을 배운다.
13	주다	I ________________ the toy. 나는 그 장난감을 준다.
14	가져가다	I ________________ the toy. 나는 그 장난감을 가져간다.
15	일하다	I ________________ happily. 나는 행복하게 일한다.
16	놀다	I ________________. 나는 행복하게 논다.

PART 5

각 UNIT의 QR 코드를 스캔하여
영단어, 영어 표현, 예시 문장을 듣고 따라해 보세요.

UNIT 25 **How Often 1**

오디오 QR 코드

UNIT 26 **How Often 2**

오디오 QR 코드

UNIT 27 **How Often 3**

오디오 QR 코드

UNIT 28 **Verbs 2**

오디오 QR 코드

UNIT 29 **Opposites 2**

오디오 QR 코드

UNIT 30 **Meanings 2**

오디오 QR 코드

UNIT 25

How Often 1 얼마나 자주

어떤 행동의 빈도를 나타내는 단어를 배운 후
그 행동을 얼마나 자주 하는지 말해 보아요.

I ______ have breakfast.

always

㉮ 항상

나는 항상 아침 식사를 한다.

I always have breakfast.

usually

㉮ 보통, 대개

나는 보통 아침 식사를 한다.

often

㉮ 자주

나는 자주 아침 식사를 한다.

sometimes

㉮ 가끔

나는 가끔 아침 식사를 한다.

never

㉮ 절대 ~ 않다

나는 절대 아침 식사를 하지 않는다.

Check!

빈칸에 알맞은 철자를 채워 넣고, <보기>에서 우리말 뜻을 찾아 연결하세요.

보기

- 항상
- 보통, 대개
- 자주
- 가끔
- 절대 ~ 않다

- al_ays
- n_ver
- usu_ll_
- of_en
- so_et_mes

UNIT 26

How Often 2 얼마나 자주

특정한 행동을 나타내는 표현을 배운 후
그 행동을 얼마나 자주 하는지 물어 보아요.

How often do you ______?

order pizza
피자를 주문하다

너는 얼마나 자주 피자를 주문하니?

How often do you order pizza?

listen to music
음악을 듣다

너는 얼마나 자주 음악을 듣니?

play outside
밖에서 놀다

너는 얼마나 자주 밖에서 노니?

take a nap
낮잠을 자다

너는 얼마나 자주 낮잠을 자니?

brush one's teeth
이를 닦다

너는 얼마나 자주 이를 닦니?

Check!

다음 그림에 알맞은 단어를 <보기>에서 찾아 빈칸에 쓰세요.

______ outside

______ to music

______ one's teeth

______ a nap

보기
order
listen
play
take
brush

Exercises UNIT 25~26

A 다음 영어를 우리말로, 우리말은 영어로 빈칸에 쓰세요.

1 always ________

2 often ________

3 never ________

4 take a nap ________

5 listen to music ________

6 보통, 대개 ________

7 가끔 ________

8 피자를 주문하다 ________

9 이를 닦다 ________

10 밖에서 놀다 ________

B 다음 빈칸에 들어갈 알맞은 말을 주어진 우리말에 맞게 쓰세요.

1 I always / have breakfast.
나는 항상 아침 식사를 한다.

2 ________ / ________
나는 보통 아침 식사를 한다.

3 ________ / ________
나는 절대 아침 식사를 하지 않는다.

4 ________ / ________
나는 가끔 아침 식사를 한다.

5 How often do you / order pizza?
너는 얼마나 자주 피자를 주문하니?

6 ________ / ________
너는 얼마나 자주 음악을 듣니?

7 ________ / ________
너는 얼마나 자주 낮잠을 자니?

8 ________ / ________
너는 얼마나 자주 이를 닦니?

UNIT 27

How Often 3 얼마나 자주

횟수를 나타내는 표현을 배운 후
어떤 행동을 얼마나 자주 하는지 말해 보아요.

I cook pasta ______ a week.

once

㈜ 한 번

나는 일주일에 한 번 파스타를 요리한다.

I cook pasta once a week.

twice

㈜ 두 번

나는 일주일에 두 번 파스타를 요리한다.

three times

세 번

나는 일주일에 세 번 파스타를 요리한다.

four times

네 번

나는 일주일에 네 번 파스타를 요리한다.

five times

다섯 번

나는 일주일에 다섯 번 파스타를 요리한다.

Check! 주어진 우리말 뜻에 알맞은 영어 표현에 동그라미 하세요.

우리말	영어 표현	
하루에 한 번	one a day	once a day
일주일에 두 번	twice a week	second a week
한 달에 세 번	three a month	three times a month
일 년에 네 번	four times a year	fourth times a year

UNIT 28

Verbs 2 동사

동사 go와 관련된 표현을 배운 후
어딘가로 가는 행동에 대해 말해 보아요.

We go ____________.

go to the park
공원에 가다

우리는 공원에 간다.

We go to the park.

go to a concert
콘서트에 가다

우리는 콘서트에 간다.

go on a picnic
소풍을 가다

우리는 소풍을 간다.

go on a trip
여행을 가다

우리는 여행을 간다.

go fishing
낚시하러 가다

우리는 낚시하러 간다.

Check!

다음 그림에 알맞은 단어 또는 표현을 <보기>에서 찾아 빈칸에 쓰세요.

go ____________

go ____________

go ____________

go ____________

보기

to the park
to a concert
on a picnic
on a trip
fishing

Exercises UNIT 27~28

A 다음 영어를 우리말로, 우리말은 영어로 빈칸에 쓰세요.

1 once ______________

2 three times ______________

3 five times ______________

4 go to a concert ______________

5 go on a trip ______________

6 두 번 ______________

7 네 번 ______________

8 공원에 가다 ______________

9 소풍을 가다 ______________

10 낚시하러 가다 ______________

B 다음 빈칸에 들어갈 알맞은 말을 주어진 우리말에 맞게 쓰세요.

1 I cook pasta once a week.
나는 일주일에 한 번 파스타를 요리한다.

2 ______________ ______________
나는 일주일에 두 번 파스타를 요리한다.

3 ______________ ______________
나는 일주일에 세 번 파스타를 요리한다.

4 ______________ ______________
나는 일주일에 네 번 파스타를 요리한다.

5 We go to the park.
우리는 공원에 간다.

6 ______________ ______________
우리는 소풍을 간다.

7 ______________ ______________
우리는 낚시하러 간다.

8 ______________ ______________
우리는 콘서트에 간다.

UNIT 29

Opposites 2 반대말

서로 반대되는 의미를 가진 형용사를 배운 후
어떤 것의 상태나 성질을 말해 보아요.

It is ________.

boring
㉬ 지루한

그것은 지루하다.
It is boring.

interesting
㉬ 재미있는

그것은 재미있다.

easy
㉬ 쉬운

그것은 쉽다.

difficult
㉬ 어려운

그것은 어렵다.

cheap
㉬ (값이) 싼

그것은 값이 싸다.

expensive
㉬ 값비싼

그것은 값이 비싸다.

Tip 반대의 의미를 가진 형용사들을 더 배워 보아요.

long 긴 - **short** 짧은
dry 마른 - **wet** 젖은
strong 튼튼한 - **weak** (몸이) 약한
noisy 시끄러운 - **quiet** 조용한

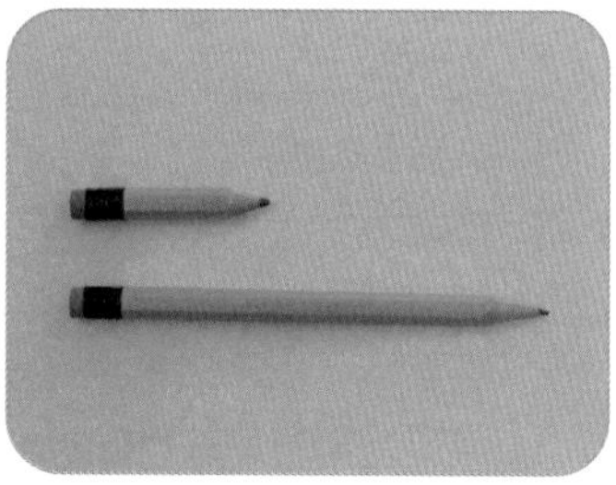

UNIT 30

Meanings 2 의미

여러 의미를 가진 형용사를 배운 후
사람 또는 물건의 상태나 성질을 말해 보아요.

right
㉿ 옳은

그녀가 옳다.
She is

right
㉿ 오른쪽의

그것은 오른쪽에 있다.
It is on the side.

light
㉿ 밝은

그 색은 밝다.
The color is

light
㉿ 가벼운

그것은 가볍다.
It is

full
㉿ 가득 찬

그 가방은 장난감으로 가득 찼다.
The bag was of toys.

full
㉿ 배부른

나는 배부르다.
I am

hard
㉿ 열심히 하는

그는 열심히 일하는 노동자이다.
He is a worker.

hard
㉿ 딱딱한

그것은 딱딱한 소파이다.
It is a sofa.

Exercises UNIT 29~30

A 다음 영어를 우리말로, 우리말은 영어로 빈칸에 쓰세요.

1 boring	______	6 재미있는	______
2 easy	______	7 어려운	______
3 cheap	______	8 값비싼	______
4 right	______ , ______	9 밝은, 가벼운	______
5 full	______ , ______	10 열심히 하는, 딱딱한	______

B 다음 빈칸에 들어갈 알맞은 말을 주어진 우리말에 맞게 쓰세요.

1 It is ______ boring. ______
그것은 지루하다.

2 ______ ______
그것은 재미있다.

3 ______ ______
그것은 쉽다.

4 ______ ______
그것은 어렵다.

5 She is ______ right. ______
그녀가 옳다.

6 I am ______ ______
나는 배부르다.

7 It is ______ ______
그것은 가볍다.

8 The color is ______ ______
그 색은 밝다.

UNIT 25~30

Voca **Review** Test 1

다음 영어를 우리말로, 우리말은 영어로 빈칸에 쓰세요.

	영어	우리말		영어	우리말
1	always	항상	16	go to the park	공원에 가다
2		보통, 대개	17	go to a concert	
3	often		18	go on a picnic	
4	sometimes		19		여행을 가다
5	never		20		낚시하러 가다
6	order pizza		21		지루한
7		음악을 듣다	22	interesting	
8		밖에서 놀다	23	easy	
9		낮잠을 자다	24	difficult	
10	brush one's teeth		25		(값이) 싼
11	once		26		값비싼
12		두 번	27		옳은, 오른쪽의
13	three times		28	light	,
14	four times		29	full	,
15		다섯 번	30	hard	,

Voca **Review** Test **2**

우리말 뜻을 참고하여 문장을 완성하세요.

1	항상	I always have breakfast. 나는 항상 아침 식사를 한다.
2	절대 ~ 않다	I ______. 나는 절대 식사를 하지 않는다.
3	음악을 듣다	How often do you ______? 너는 얼마나 자주 음악을 듣니?
4	낮잠을 자다	How ______? 너는 얼마나 자주 낮잠을 자니?
5	두 번	I cook pasta ______. 나는 일주일에 두 번 파스타를 요리한다.
6	네 번	I ______. 나는 일주일에 네 번 파스타를 요리한다.
7	소풍을 가다	We go ______. 우리는 소풍을 간다.
8	여행을 가다	We ______. 우리는 여행을 간다.
9	지루한	It is ______. 그것은 지루하다.
10	재미있는	It ______. 그것은 재미있다.
11	옳은	She is ______. 그녀가 옳다.
12	오른쪽의	It is on the ______ side. 그것은 오른쪽에 있다.
13	배부른	I am ______. 나는 배부르다.
14	가득 찬	The bag was ______ of toys. 그 가방은 장난감으로 가득 찼다.
15	피자를 주문하다	How often do you ______? 너는 얼마나 자주 피자를 주문하니?
16	이를 닦다	How ______? 너는 얼마나 자주 이를 닦니?

PART 6

각 UNIT의 QR 코드를 스캔하여
영단어, 영어 표현, 예시 문장을 듣고 따라해 보세요.

UNIT 31 **Location 1**

오디오 QR 코드

UNIT 32 **Time**

오디오 QR 코드

UNIT 33 **Verbs 3**

오디오 QR 코드

UNIT 34 **Verbs 4**

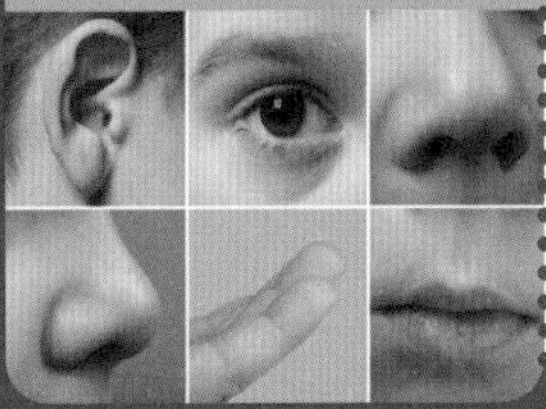

오디오 QR 코드

UNIT 35 **People 1**

오디오 QR 코드

UNIT 36 **People 2**

오디오 QR 코드

UNIT 31

Location 위치

명사 앞에 위치하여 사람이나 사물, 동물의 위치를 나타내는 말을 배운 후 그것이 어디 있는지 말해 보아요.

The cat is ______ the box.

on
㉑ ~ 위에

고양이가 상자 위에 있다.

The cat is on the box.

in
㉑ ~ 안에

고양이가 상자 안에 있다.

under
㉑ ~ 아래에

고양이가 상자 아래에 있다.

in front of
~ 앞에

고양이가 상자 앞에 있다.

next to
~ 옆에

고양이가 상자 옆에 있다.

Check!

다음 그림에 알맞은 말을 <보기>에서 찾아 쓰세요.

보기
on
in
under
in front of
next to

______

______

______

______

______

UNIT 32

Time 시간

시간을 나타내는 단어를 배운 후 현재 시각을 말해 보아요.

It is ____________.

o'clock

㊛ ~시 (정각)

3시이다.

It is three

past

㉠ (시간이) ~을 지나서

3시 5분이다.

It is five ______ three.

quarter

㉢ 15분

3시 15분이다.

It is ______ past three.

half

㉢ 30분

3시 30분이다.

It is ______ past three.

to

㉠ (시각이) (몇 분) 전

2시 55분이다(3시가 되기 5분 전이다).

It is five ______ three.

Check!

빈칸에 알맞은 철자를 채워 넣고, <보기>에서 우리말 뜻을 찾아 연결하세요.

보기

- ~시 (정각)
- (시간이) ~을 지나서
- 15분
- 30분
- (시각이) (몇 분) 전

- ☐ua☐ter
- ha☐f
- t☐
- ☐ast
- o'c☐oc☐

Exercises UNIT 31~32

A 다음 영어를 우리말로, 우리말은 영어로 빈칸에 쓰세요.

1 on ____________

2 under ____________

3 next to ____________

4 past ____________

5 to ____________

6 ~ 안에 ____________

7 ~ 앞에 ____________

8 ~시 (정각) ____________

9 30분 ____________

10 15분 ____________

B 다음 빈칸에 들어갈 알맞은 말을 주어진 우리말에 맞게 쓰세요.

1 The cat is / on the box.
고양이가 상자 위에 있다.

2 ____________ ____________
고양이가 상자 안에 있다.

3 ____________ ____________
고양이가 상자 아래에 있다.

4 ____________ ____________
고양이가 상자 옆에 있다.

5 It is / three o'clock.
3시이다.

6 ____________ past three.
3시 30분이다.

7 ____________ five ____ three.
2시 55분이다(3시가 되기 5분 전이다).

8 ____________ past three.
3시 15분이다.

Did you ____________?

UNIT 33 Verbs 3 동사

동사 get과 관련된 표현을 배운 후 사람의 상태나 동작을 말해 보아요.

get it
그것을 이해하다

너는 그것을 이해했니?

Did you get it?

get a job
직장을 얻다

너는 직장을 얻었니?

get a text
문자를 받다

너는 문자를 받았니?

get home
집에 도착하다

너는 집에 도착했니?

get on the bus
버스를 타다

너는 버스를 탔니?

Check!

<보기>의 우리말 뜻에 알맞은 영어 표현을 연결하세요.

보기	
그것을 이해하다	get home
직장을 얻다	get on the bus
문자를 받다	get a text
집에 도착하다	get it
버스를 타다	get a job

UNIT 34

Verbs 4 동사

보고, 느끼고, 맛보고, 냄새 맡고, 듣는 감각을 나타내는
동사를 배운 후 사용해 보아요.

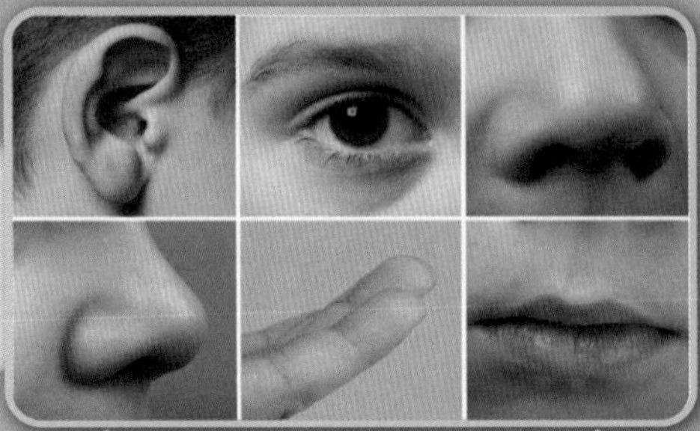

It ______s good.

look
㉯ ~해 보이다

그것은 좋아 보인다.

It looks good.

feel
㉯ ~하게 느끼다

그것은 좋게 느껴진다.

taste
㉯ ~한 맛이 나다

그것은 좋은 맛이 난다.

smell
㉯ ~한 냄새가 나다

그것은 좋은 냄새가 난다.

sound
㉯ ~하게 들리다

그것은 좋게 들린다.

Check!

<보기>의 우리말 뜻에 알맞은 영단어를 연결하고, 퍼즐 속에서 그 단어를 찾아보세요.

s	m	e	l	l	j	d
o	w	l	o	o	k	e
u	n	u	b	v	r	t
n	f	s	p	o	e	a
d	l	t	u	d	c	s
e	f	e	e	l	x	t
t	q	j	h	p	g	e

- sound
- smell
- look
- taste
- feel

보기

- ~해 보이다
- ~하게 느끼다
- ~한 맛이 나다
- ~한 냄새가 나다
- ~하게 들리다

Exercises UNIT 33~34

A 다음 영어를 우리말로, 우리말은 영어로 빈칸에 쓰세요.

1 get it ____________

2 get a text ____________

3 get on the bus ____________

4 feel ____________

5 taste ____________

6 직장을 얻다 ____________

7 집에 도착하다 ____________

8 ~해 보이다 ____________

9 ~하게 들리다 ____________

10 ~한 냄새가 나다 ____________

B 다음 빈칸에 들어갈 알맞은 말을 주어진 우리말에 맞게 쓰세요.

1 Did you ____ get it? ____
너는 그것을 이해했니?

2 ____________ ____________
너는 집에 도착했니?

3 ____________ ____________
너는 문자를 받았니?

4 ____________ ____________
너는 버스를 탔니?

5 It looks ____ good. ____
그것은 좋아 보인다.

6 ____________ ____________
그것은 좋은 냄새가 난다.

7 ____________ ____________
그것은 좋게 느껴진다.

8 ____________ ____________
그것은 좋게 들린다.

UNIT 35

People 1 인물

동사에 사람을 나타내는 -er / -or이 붙은 단어를 배운 후
직업이나 인물을 말해 보아요.

He is a(n) ______.

baker

명 제빵사 (bake 동 굽다)

그는 제빵사이다.

He is a baker.

reader

명 독자 (read 동 읽다)

그는 독자이다.

painter

명 화가 (paint 동 그리다)

그는 화가이다.

sailor

명 선원 (sail 동 항해하다)

그는 선원이다.

actor

명 배우 (act 동 연기하다)

그는 배우이다.

Check!

<보기>의 우리말 뜻에 알맞은 영단어를 연결하고, 퍼즐 속에서 그 단어를 찾아보세요.

보기

보기	
제빵사	actor
독자	baker
화가	sailor
선원	reader
배우	painter

r	s	a	j	b	w	p
e	a	j	z	a	x	a
a	i	x	i	k	r	i
d	l	j	z	e	u	n
e	o	c	b	r	h	t
r	r	w	g	e	r	e
q	e	a	c	t	o	r

UNIT 36

People 2 인물

명사에 사람을 나타내는 -ist가 붙은 단어를 배운 후
직업이나 인물을 말해 보아요.

She is a(n) ______.

scientist

명 과학자 (science 명 과학)

그녀는 과학자이다.

She is a scientist.

pianist

명 피아노 연주자
(piano 명 피아노)

그녀는 피아노 연주자이다.

artist

명 예술가 (art 명 예술)

그녀는 예술가이다.

dentist

명 치과 의사 (dentes 명 치아)

그녀는 치과 의사이다.

tourist

명 관광객 (tour 명 관광)

그녀는 관광객이다.

Check!

<보기>의 우리말 뜻에 알맞은 영단어를 연결하고, 퍼즐 속에서 그 단어를 찾아보세요.

s	c	i	e	n	t	i	s	t
y	u	q	a	d	v	p	p	o
q	d	c	o	l	y	i	u	u
b	e	a	y	t	h	a	m	r
r	n	r	w	o	m	n	b	i
x	t	w	i	y	m	i	o	s
s	i	l	a	r	t	s	c	t
p	s	y	o	u	r	t	s	y
w	t	a	r	t	i	s	t	s

- tourist
- dentist
- pianist
- artist
- scientist

보기
- 과학자
- 피아노 연주자
- 예술가
- 치과 의사
- 관광객

Exercises UNIT 35~36

A 다음 영어를 우리말로, 우리말은 영어로 빈칸에 쓰세요.

1	baker	______	6	독자	______
2	painter	______	7	선원	______
3	actor	______	8	과학자	______
4	pianist	______	9	예술가	______
5	dentist	______	10	관광객	______

B 다음 빈칸에 들어갈 알맞은 말을 주어진 우리말에 맞게 쓰세요.

1 He is / a baker.
그는 제빵사이다.

2 ______ / ______
그는 선원이다.

3 ______ / ______
그는 화가이다.

4 ______ / ______
그는 배우이다.

5 She is / a scientist.
그녀는 과학자이다.

6 ______ / ______
그녀는 치과 의사이다.

7 ______ / ______
그녀는 관광객이다.

8 ______ / ______
그녀는 예술가이다.

Voca **Review** Test **1**

다음 영어를 우리말로, 우리말은 영어로 빈칸에 쓰세요.

	영어	우리말
1	on	~ 위에
2		~ 안에
3	under	
4	in front of	
5	next to	
6	o'clock	
7		(시간이) ~을 지나서
8		15분
9		30분
10	to	
11	get it	
12		직장을 얻다
13	get a text	
14	get home	
15		버스를 타다

	영어	우리말
16	look	~해 보이다
17	feel	
18	taste	
19		~한 냄새가 나다
20		~하게 들리다
21		제빵사
22	reader	
23	painter	
24	sailor	
25		배우
26		과학자
27		피아노 연주자
28	artist	
29	dentist	
30	tourist	

Voca **Review** Test **2**

우리말 뜻을 참고하여 문장을 완성하세요.

1	~ 위에	The cat is on the box. 고양이가 상자 위에 있다.
2	~ 아래에	The ______________. 고양이가 상자 아래에 있다.
3	~시 (정각)	It is three ______________. 3시이다.
4	15분	It is ______________ past three. 3시 15분이다.
5	문자를 받다	Did you ______________? 너는 문자를 받았니?
6	집에 도착하다	Did ______________? 너는 집에 도착했니?
7	~해 보이다	It ______________s good. 그것은 좋게 보인다.
8	~하게 들리다	It ______________. 그것은 좋게 들린다.
9	독자	He is a ______________. 그는 독자이다.
10	선원	He ______________. 그는 선원이다.
11	과학자	She is a ______________. 그녀는 과학자이다.
12	관광객	She ______________. 그녀는 관광객이다.
13	(시각이) (몇 분) 전	It is five ______________ three. 2시 55분이다(3시가 되기 5분 전이다).
14	30분	It is ______________ past three. 3시 30분이다.
15	화가	He is a ______________. 그는 화가이다.
16	예술가	She is an ______________. 그녀는 예술가이다.

PART 7

각 UNIT의 QR 코드를 스캔하여
영단어, 영어 표현, 예시 문장을 듣고 따라해 보세요.

UNIT 37 **Verbs 5**

오디오 QR 코드

UNIT 38 **Future**

오디오 QR 코드

UNIT 39 **Places**

오디오 QR 코드

UNIT 40 **Comparative**

오디오 QR 코드

UNIT 41 **Opposites 3**

오디오 QR 코드

UNIT 42 **Opposites 4**

오디오 QR 코드

UNIT 37

Verbs 5 동사

일상적인 동작을 나타내는 동사를 배운 후
누군가가 무엇을 하는지 말해 보아요.

They ______ it.

fill
㊍ 채우다

그들은 그것을 채운다.

They fill it.

practice
㊍ 연습하다

그들은 그것을 연습한다.

grow
㊍ 키우다

그들은 그것을 키운다.

draw
㊍ 그리다

그들은 그것을 그린다.

water
㊍ 물을 주다

그들은 그것에 물을 준다.

Check!

<보기>의 우리말 뜻에 알맞은 영단어를 연결하고, 퍼즐 속에서 그 단어를 찾아보세요.

보기
- 채우다
- 연습하다
- 키우다
- 그리다
- 물을 주다

- water
- fill
- draw
- grow
- practice

s	b	w	a	t	e	r	g
x	y	m	y	w	s	i	r
j	o	p	g	e	d	i	o
d	r	a	w	o	w	t	w
p	r	a	c	t	i	c	e
f	m	q	y	w	t	n	o
u	f	i	l	l	o	f	w
j	x	n	p	h	r	q	i

UNIT 38

Future 미래

일상적인 동작을 나타내는 표현을 배운 후
미래에 무엇을 할 것인지 말해 보아요.

I will ____________.

fill the cup
컵을 채우다

나는 컵을 채울 것이다.

I will fill the cup.

practice the guitar
기타를 연습하다

나는 기타를 연습할 것이다.

grow onions
양파를 키우다

나는 양파들을 키울 것이다.

draw a map
지도를 그리다

나는 지도를 그릴 것이다.

water plants
식물에 물을 주다

나는 식물들에 물을 줄 것이다.

Check!

다음 그림에 알맞은 영어 표현을 <보기>에서 찾아 쓰세요.

____

____

____

보기
- fill the cup
- practice the guitar
- grow onions
- draw a map
- water plants

Exercises UNIT 37~38

A 다음 영어를 우리말로, 우리말은 영어로 빈칸에 쓰세요.

1	fill	______	6	연습하다	______
2	grow	______	7	그리다	______
3	water	______	8	컵을 채우다	______
4	practice the guitar	______	9	양파를 키우다	______
5	draw a map	______	10	식물에 물을 주다	______

B 다음 빈칸에 들어갈 알맞은 말을 주어진 우리말에 맞게 쓰세요.

1 They fill ______ it. ______
그들은 그것을 채운다.

2 ______ ______
그들은 그것을 그린다.

3 ______ ______
그들은 그것을 키운다.

4 ______ ______
그들은 그것에 물을 준다.

5 I will ______ fill the cup. ______
나는 컵을 채울 것이다.

6 ______ ______
나는 지도를 그릴 것이다.

7 ______ ______
나는 양파들을 키울 것이다.

8 ______ ______
나는 식물들에 물을 줄 것이다.

UNIT 39

Places 장소

장소를 나타내는 단어를 배운 후
과거에 어디에 갔었는지 말해 보아요.

I went to the ______.

museum
명 박물관

나는 박물관에 갔다.

I went to the museum.

beach
명 바닷가

나는 바닷가에 갔다.

farm
명 농장

나는 농장에 갔다.

market
명 시장

나는 시장에 갔다.

zoo
명 동물원

나는 동물원에 갔다.

Check!

<보기>의 우리말 뜻에 알맞은 영단어를 연결하고, 퍼즐 속에서 그 단어를 찾아보세요.

보기

- 박물관
- 바닷가
- 농장
- 시장
- 동물원

- zoo
- market
- museum
- farm
- beach

e	l	m	y	z	w	t
b	e	a	c	h	m	r
u	l	r	d	u	b	i
z	f	k	z	m	f	c
o	k	e	i	y	a	i
o	p	t	p	q	r	w
m	u	s	e	u	m	p

UNIT 40

Comparative 비교

형용사 뒤에 -er이 붙은 단어를 배운 후
두 대상을 서로 비교해 보아요.

He is ______ than Matt.

taller

㉻ 키가 더 큰

그는 Matt보다 키가 더 크다.

He is taller than Matt.

stronger

㉻ 힘이 더 센

그는 Matt보다 힘이 더 세다.

faster

㉻ 더 빠른

그는 Matt보다 더 빠르다.

slower

㉻ 더 느린

그는 Matt보다 더 느리다.

younger

㉻ 더 어린

그는 Matt보다 더 어리다.

Check! 다음 그림에 알맞은 단어를 <보기>에서 찾아 쓰세요.

______

______

______

보기

- taller
- stronger
- faster
- slower
- younger

Exercises UNIT 39~40

A 다음 영어를 우리말로, 우리말은 영어로 빈칸에 쓰세요.

1 museum	______	6 바닷가	______
2 farm	______	7 시장	______
3 zoo	______	8 키가 더 큰	______
4 stronger	______	9 더 빠른	______
5 slower	______	10 더 어린	______

B 다음 빈칸에 들어갈 알맞은 말을 주어진 우리말에 맞게 쓰세요.

1 I went to the museum.
나는 박물관에 갔다.

2 ______ ______
나는 동물원에 갔다.

3 ______ ______
나는 시장에 갔다.

4 ______ ______
나는 농장에 갔다.

5 He is taller than Matt.
그는 Matt보다 키가 더 크다.

6 ______ ______
그는 Matt보다 힘이 더 세다.

7 ______ ______
그는 Matt보다 더 어리다.

8 ______ ______
그는 Matt보다 더 빠르다.

UNIT 41

Opposites 3 반대말

명사 뒤에 -ful/-less가 붙어 서로 반대되는 의미를 가진 형용사를 배워 보아요.

각 단어를 두 번씩 쓰세요.

useful
형 유용한, 쓸모 있는

useful useful

useless
형 소용없는, 쓸모없는

powerful
형 강력한

powerless
형 힘이 없는

helpful
형 도움이 되는

helpless
형 도움이 없는

harmful
형 유해한

harmless
형 무해한

UNIT 42

Opposites 4 반대말

서로 반대되는 의미를 가진 동사를 배워 보아요.

각 단어를 두 번씩 쓰세요.

sit
㉯ 앉다

sit sit

stand
㉯ 일어서다

borrow
㉯ 빌리다

lend
㉯ 빌려주다

win
㉯ 이기다

lose
㉯ 지다

live
㉯ 살다

die
㉯ 죽다

Exercises UNIT 41~42

A 다음 영어를 우리말로 빈칸에 쓴 후 영단어를 다시 써 보세요.

		우리말	영단어 다시 쓰기
1	useful		
2	useless		
3	powerful		
4	powerless		
5	helpful		
6	helpless		
7	harmful		
8	harmless		
9	sit		
10	stand		
11	borrow		
12	lend		
13	win		
14	lose		
15	live		
16	die		

Voca **Review** Test 1

UNIT 37~42

다음 영어를 우리말로, 우리말은 영어로 빈칸에 쓰세요.

	영어	우리말		영어	우리말
1	fill	채우다	19	slower	더 느린
2		연습하다	20		더 어린
3	grow		21		유용한, 쓸모 있는
4	draw		22	useless	
5	water		23	powerful	
6	fill the cup		24	powerless	
7		기타를 연습하다	25		도움이 되는
8	grow onions		26		도움이 없는
9		지도를 그리다	27		유해한
10	water plants		28	harmless	
11	museum		29	sit	
12		바닷가	30		일어서다
13	farm		31		빌리다
14	market		32	lend	
15		동물원	33		이기다
16		키가 더 큰	34	lose	
17	stronger		35	live	
18	faster		36		죽다

Voca **Review** Test **2**

우리말 뜻을 참고하여 문장을 완성하세요.

1	채우다	They fill it. 그들은 그것을 채운다.
2	키우다	They ______________________. 그들은 그것을 키운다.
3	기타를 연습하다	I will ______________________. 나는 기타를 연습할 것이다.
4	양파를 키우다	I ______________________. 나는 양파들을 키울 것이다.
5	박물관	I went to the ______________________. 나는 박물관에 갔다.
6	바닷가	I ______________________. 나는 바닷가에 갔다.
7	키가 더 큰	He is ______________ than Matt. 그는 Matt보다 키가 더 크다.
8	힘이 더 센	He ______________________. 그는 Matt보다 힘이 더 세다.
9	그리다	They ______________________. 그들은 그것을 그린다.
10	식물에 물을 주다	I ______________________. 나는 식물들에 물을 줄 것이다.
11	동물원	I ______________________. 나는 동물원에 갔다.
12	더 어린	He ______________________. 그는 Matt보다 더 어리다.

PART 8

각 UNIT의 QR 코드를 스캔하여
영단어, 영어 표현, 예시 문장을 듣고 따라해 보세요.

UNIT 43 **Materials**

오디오 QR 코드

UNIT 44 **Sense of Touch**

오디오 QR 코드

UNIT 45 **Wish**

오디오 QR 코드

UNIT 46 **Hobby 2**

오디오 QR 코드

UNIT 47 **Events**

오디오 QR 코드

UNIT 48 **Plans**

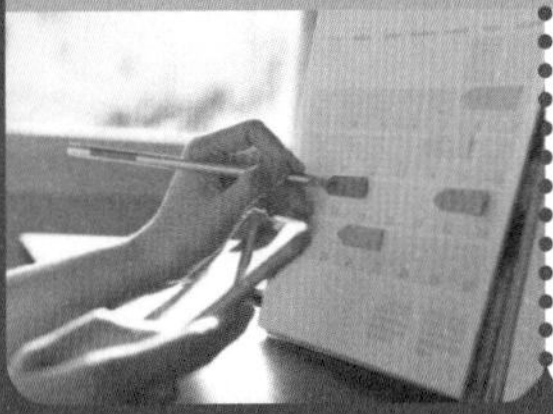

오디오 QR 코드

UNIT 43

Materials 재료

물건의 재료를 나타내는 단어를 배운 후
그것을 활용하여 질문해 보아요.

Is this ______?

stone
명 돌, 석재

이것은 돌이니?

Is this stone?

glass
명 유리

이것은 유리이니?

wood
명 나무, 목재

이것은 나무이니?

rubber
명 고무

이것은 고무이니?

metal
명 금속

이것은 금속이니?

Check!

<보기>의 우리말 뜻에 알맞은 영단어를 연결하고, 퍼즐 속에서 그 단어를 찾아보세요.

보기
- 돌, 석재
- 유리
- 나무, 목재
- 고무
- 금속

- glass
- stone
- metal
- rubber
- wood

g	r	u	b	b	e	r
l	n	s	w	o	o	d
a	b	t	h	e	h	m
s	d	o	j	w	l	e
s	b	n	u	b	c	t
i	h	e	q	u	o	a
c	g	c	w	r	p	l

UNIT 44

Sense of Touch 촉각

물건을 만져서 느끼는 촉각을 나타내는 단어를 배운 후
표면의 느낌을 말해 보아요.

It feels ______.

soft
㊖ 부드러운

그것은 부드러운 느낌이다.
It feels soft.

rough
㊖ 거친

그것은 거친 느낌이다.

smooth
㊖ 매끄러운

그것은 매끄러운 느낌이다.

sharp
㊖ 날카로운

그것은 날카로운 느낌이다.

cold
㊖ 차가운

그것은 차가운 느낌이다.

Check!

<보기>의 우리말 뜻에 알맞은 영단어를 연결하고, 퍼즐 속에서 그 단어를 찾아보세요.

s	m	o	o	t	h	z
c	i	x	l	z	o	u
s	b	r	n	m	q	r
o	c	o	l	d	e	o
f	g	h	t	o	s	u
t	m	o	u	z	x	g
s	h	a	r	p	z	h

- smooth
- rough
- soft
- cold
- sharp

보기
- 부드러운
- 거친
- 매끄러운
- 날카로운
- 차가운

Exercises UNIT 43~44

A 다음 영어를 우리말로, 우리말은 영어로 빈칸에 쓰세요.

1 stone	________	6 나무, 목재	________
2 glass	________	7 고무	________
3 metal	________	8 부드러운	________
4 rough	________	9 매끄러운	________
5 sharp	________	10 차가운	________

B 다음 빈칸에 들어갈 알맞은 말을 주어진 우리말에 맞게 쓰세요.

1 Is this ________ stone? ________
이것은 돌이니?

2 ________ ________
이것은 유리이니?

3 ________ ________
이것은 고무이니?

4 ________ ________
이것은 금속이니?

5 It feels ________ soft. ________
그것은 부드러운 느낌이다.

6 ________ ________
그것은 거친 느낌이다.

7 ________ ________
그것은 매끄러운 느낌이다.

8 ________ ________
그것은 날카로운 느낌이다.

UNIT 45

Wish 소망

미래에 하고 싶은 일을 나타내는 표현을 배운 후
소망을 말해 보아요.

I want to ____________.

travel abroad
해외여행을 하다

나는 해외여행을 하고 싶다.
I want to travel abroad.

get a 100
100점을 받다

나는 100점을 받고 싶다.

pass the exam
시험을 통과하다

나는 그 시험을 통과하고 싶다.

help people
사람들을 돕다

나는 사람들을 돕고 싶다.

be a photographer
사진사가 되다

나는 사진사가 되고 싶다.

Check!

빈칸에 알맞은 철자를 채워 넣고, <보기>에서 우리말 뜻을 찾아 연결하세요.

보기
- 해외여행을 하다
- 100점을 받다
- 그 시험을 통과하다
- 사람들을 돕다
- 사진사가 되다

- pas_ the e_am
- b_ a photogra_her
- tra_el abro_d
- he_p _eople
- _et a 100

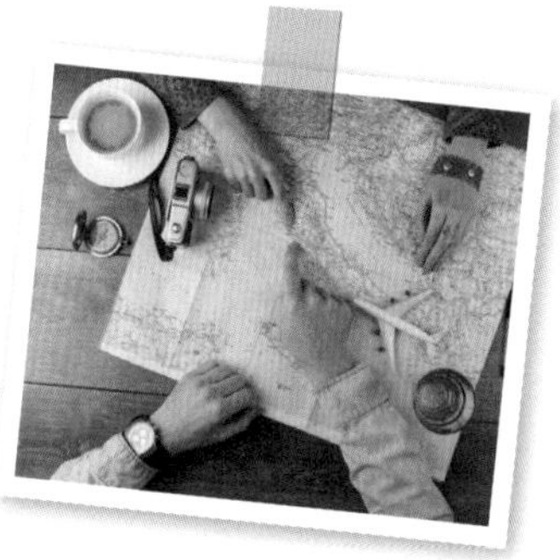

UNIT 46

Hobby 2 취미

I enjoy ____________.

취미의 종류를 나타내는 표현을 배운 후 동사 뒤에 -ing를 붙여 어떤 활동을 즐겨 하는지 말해 보아요.

jump rope
줄넘기를 하다

나는 줄넘기하는 것을 즐긴다.

I enjoy jumping rope.

ride a swing
그네를 타다

나는 그네 타는 것을 즐긴다.

Tip 「자음 + e」로 끝나는 동사는 e를 삭제하고 -ing를 붙여 써요.

plant flowers
꽃을 심다

나는 꽃들을 심는 것을 즐긴다.

collect leaves
잎을 모으다

나는 잎들을 모으는 것을 즐긴다.

play soccer
축구를 하다

나는 축구하는 것을 즐긴다.

Check!

빈칸에 알맞은 철자를 채워 넣고, <보기>에서 우리말 뜻을 찾아 연결하세요.

ju_p ro_e
ri_e a _wing
p_ant flowe_s
c_llect _eaves
_lay so_cer

보기
꽃들을 심다
축구를 하다
줄넘기를 하다
그네를 타다
잎들을 모으다

Exercises UNIT 45~46

A 다음 영어를 우리말로, 우리말은 영어로 빈칸에 쓰세요.

1 travel abroad ________

2 help people ________

3 pass the exam ________

4 ride a swing ________

5 collect leaves ________

6 100점을 받다 ________

7 사진사가 되다 ________

8 줄넘기를 하다 ________

9 축구를 하다 ________

10 꽃을 심다 ________

B 다음 빈칸에 들어갈 알맞은 말을 주어진 우리말에 맞게 쓰세요.

1 I want to travel abroad.
나는 해외여행을 하고 싶다.

2 ________ ________
나는 시험을 통과하고 싶다.

3 ________ ________
나는 사진사가 되고 싶다.

4 ________ ________
나는 사람들을 돕고 싶다.

5 I enjoy planting flowers.
나는 꽃들을 심는 것을 즐긴다.

6 ________ ________
나는 줄넘기하는 것을 즐긴다.

7 ________ ________
나는 그네 타는 것을 즐긴다.

8 ________ ________
나는 축구하는 것을 즐긴다.

UNIT 47

Events 행사

다양한 종류의 행사에 대한 단어를 배운 후
누군가에게 올 수 있는지 물어 보아요.

Would you come to ______?

graduation
졸업식

너는 내 졸업식에 올 거니?

Would you come to my graduation?

birthday party
생일 파티

너는 내 생일 파티에 올 거니?

my

talent show
장기 자랑

너는 그 장기 자랑에 올 거니?

the

movie festival
영화 축제

너는 그 영화 축제에 올 거니?

the

sports day
체육 대회

너는 우리 체육 대회에 올 거니?

our

Check!

<보기>의 우리말 뜻에 알맞은 영단어를 연결하세요.

보기

보기	
졸업식	sports day
생일 파티	talent show
장기 자랑	graduation
영화 축제	birthday party
체육 대회	movie festival

UNIT 48

Plans 계획

미래에 하기로 한 일을 나타내는 be going to를 사용하여
계획이나 예정한 것을 말해 보아요.

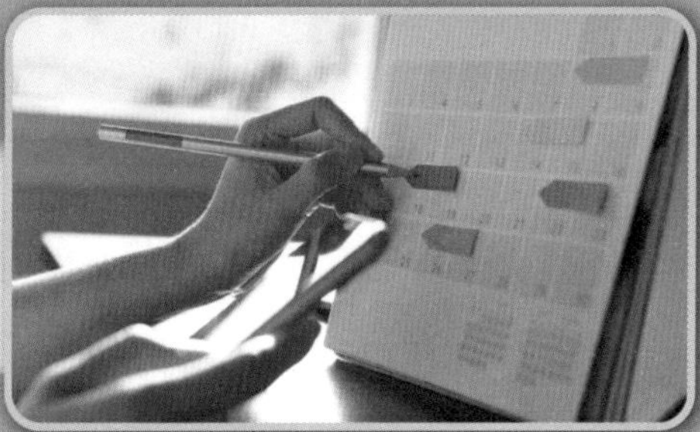

I'm going to ______ them.

pay
㉯ (돈을) 지불하다

나는 그들에게 돈을 지불할 것이다.

I'm going to pay them.

carry
㉯ 운반하다

나는 그것들을 운반할 것이다.

feed
㉯ 먹이를 주다

나는 그것들에게 먹이를 줄 것이다.

build
㉯ 만들어 내다

나는 그것들을 만들어 낼 것이다.

meet
㉯ 만나다

나는 그들을 만날 것이다.

Check!

<보기>의 우리말 뜻에 알맞은 영단어를 연결하고, 퍼즐 속에서 그 단어를 찾아보세요.

b	d	l	z	r	d	g
u	p	u	v	g	l	v
i	c	a	r	r	y	p
l	t	v	a	w	u	a
d	v	m	p	c	b	y
q	f	e	e	d	o	v
g	i	m	e	e	t	d

- build
- pay
- feed
- meet
- carry

보기
- (돈을) 지불하다
- 운반하다
- 먹이를 주다
- 만들어 내다
- 만나다

Exercises UNIT 47~48

A 다음 영어를 우리말로, 우리말은 영어로 빈칸에 쓰세요.

1 graduation ______________

2 talent show ______________

3 sports day ______________

4 carry ______________

5 build ______________

6 생일 파티 ______________

7 영화 축제 ______________

8 (돈을) 지불하다 ______________

9 만나다 ______________

10 먹이를 주다 ______________

B 다음 빈칸에 들어갈 알맞은 말을 주어진 우리말에 맞게 쓰세요.

1 Would you come to / my graduation?
너는 내 졸업식에 올 거니?

2 ______________ / my ______________
너는 내 생일 파티에 올 거니?

3 ______________ / our ______________
너는 우리 체육 대회에 올 거니?

4 ______________ / the ______________
너는 그 장기 자랑에 올 거니?

5 I'm going to / pay them.
나는 그들에게 돈을 지불할 것이다.

6 ______________ / ______________
나는 그들을 만날 것이다.

7 ______________ / ______________
나는 그것들에게 먹이를 줄 것이다.

8 ______________ / ______________
나는 그것들을 운반할 것이다.

Voca **Review** Test 1

UNIT 43~48

다음 영어를 우리말로, 우리말은 영어로 빈칸에 쓰세요.

	영어	우리말		영어	우리말
1	stone	돌, 석재	16	jump rope	줄넘기를 하다
2		유리	17	ride a swing	
3	wood		18	plant flowers	
4	rubber		19		잎을 모으다
5	metal		20		축구를 하다
6	soft		21		졸업식
7		거친	22	birthday party	
8		매끄러운	23	talent show	
9		날카로운	24	movie festival	
10	cold		25		체육 대회
11	travel abroad		26		(돈을) 지불하다
12		100점을 받다	27		운반하다
13	pass the exam		28	feed	
14	help people		29	build	
15		사진사가 되다	30	meet	

Voca **Review** Test **2**

우리말 뜻을 참고하여 문장을 완성하세요.

1	고무	Is this rubber? 이것은 고무이니?
2	금속	Is ________________? 이것은 금속이니?
3	거친	It feels ________________. 그것은 거친 느낌이다.
4	날카로운	It ________________. 그것은 날카로운 느낌이다.
5	해외여행을 하다	I want to ________________. 나는 해외여행을 하고 싶다.
6	시험을 통과하다	I ________________. 나는 그 시험을 통과하고 싶다.
7	줄넘기를 하다	I enjoy ________________. 나는 줄넘기하는 것을 즐긴다.
8	꽃을 심다	I ________________. 나는 꽃들을 심는 것을 즐긴다.
9	졸업식	Would you come to ________________? 너는 내 졸업식에 올 거니?
10	장기 자랑	Would ________________? 너는 그 장기 자랑에 올 거니?
11	(돈을) 지불하다	I'm going to ________________ them. 나는 그들에게 돈을 지불할 것이다.
12	만나다	I'm ________________. 나는 그들을 만날 것이다.
13	그네를 타다	I enjoy ________________. 나는 그네 타는 것을 즐긴다.
14	축구를 하다	I ________________. 나는 축구하는 것을 즐긴다.
15	운반하다	I'm going to ________________ them. 나는 그것들을 운반할 것이다.
16	먹이를 주다	I'm ________________. 나는 그것들에게 먹이를 줄 것이다.

PART 9

각 UNIT의 QR 코드를 스캔하여
영단어, 영어 표현, 예시 문장을 듣고 따라해 보세요.

UNIT 49 **Past 1**

오디오 QR 코드

UNIT 50 **Past 2**

오디오 QR 코드

UNIT 51 **Feelings**

오디오 QR 코드

UNIT 52 **Reason**

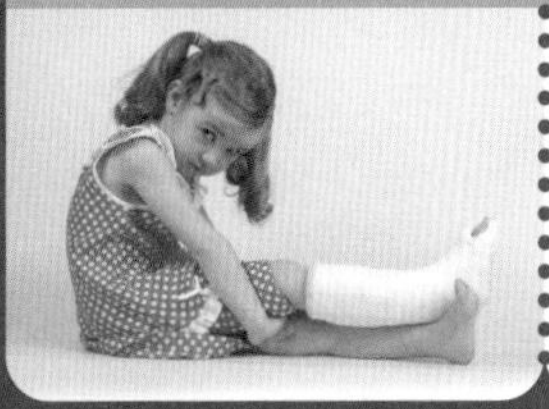

오디오 QR 코드

UNIT 53 **Opposites 5**

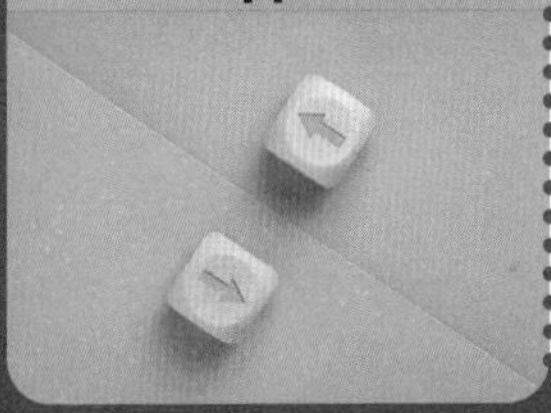

오디오 QR 코드

UNIT 54 **Opposites 6**

오디오 QR 코드

UNIT 49

Past 1 과거

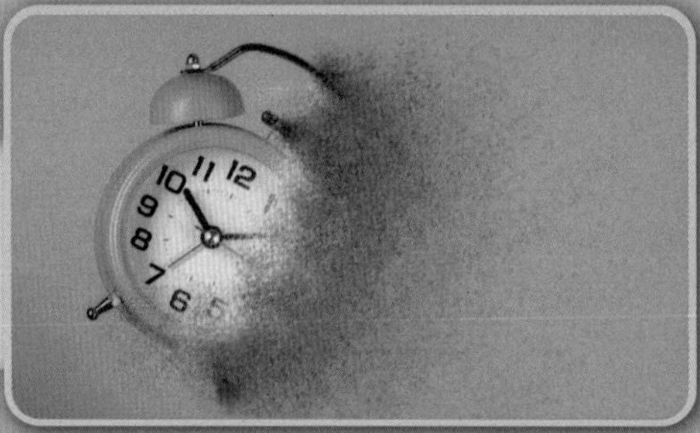

과거의 일이나 상태를 나타내는 동사의 과거형을 배워 보아요.

	현재형	과거형
join ㉰ 가입하다, 연결하다	join	joined
stay ㉰ 계속 있다		stayed
go ㉰ 가다		went
fall ㉰ 떨어지다		fell
do ㉰ (행동을) 하다		did

Check!

각 단어에 알맞은 과거형을 <보기>에서 찾아 쓰세요.

보기
joined
stayed
went
fell
did

go ____________ fall ____________ do ____________

join ____________ stay ____________

UNIT 50

Past 2 과거

UNIT 49에서 학습한 동사와 관련된 표현을 배운 후
어제 무엇을 했는지 말해 보아요.

I ___________ yesterday.

join a book club
독서 모임에 가입하다

나는 어제 독서 모임에 가입했다.
I joined a book club yesterday.

stay in bed
계속 침대에 있다

나는 어제 계속 침대에 있었다.

go hiking
등산하러 가다

나는 어제 등산을 하러 갔다.

fall into a hole
구덩이로 떨어지다

나는 어제 구덩이로 떨어졌다.

do ballet
발레를 하다

나는 어제 발레를 했다.

Check!

다음 그림에 알맞은 단어를 <보기>에서 찾아 문장을 완성하세요.

I __________ in bed yesterday.

I __________ into a hole yesterday.

I __________ ballet yesterday.

I __________ hiking yesterday.

보기
joined
stayed
went
fell
did

Exercises UNIT 49~50

A 다음 영어를 우리말로, 우리말은 영어로 빈칸에 쓰세요.

1	join	______	6	계속 있다	______
2	go	______	7	떨어지다	______
3	do	______	8	독서 모임에 가입하다	______
4	stay in bed	______	9	구덩이로 떨어지다	______
5	go hiking	______	10	발레를 하다	______

B 다음 빈칸에 들어갈 알맞은 말을 주어진 우리말에 맞게 쓰세요.

1 I joined a book club yesterday.
나는 어제 독서 모임에 가입했다.

2 ______ ______
나는 어제 등산하러 갔다.

3 ______ ______
나는 어제 계속 침대에 있었다.

4 ______ ______
나는 어제 구덩이로 떨어졌다.

5 ______ ______
나는 어제 발레를 했다.

UNIT 51

Feelings 감정

감정을 나타내는 단어를 배운 후
누군가에게 그 감정을 느끼는 이유를 물어보아요.

Why are you ______?

upset
㉭ 속상한

왜 너는 속상하니?

Why are you upset?

proud
㉭ 자랑스러워하는

왜 너는 자랑스러워하니?

annoyed
㉭ 짜증이 난

왜 너는 짜증이 났니?

excited
㉭ 신이 난

왜 너는 신이 났니?

worried
㉭ 걱정하는

왜 너는 걱정하니?

Check!

<보기>의 우리말 뜻에 알맞은 영단어를 연결하고, 퍼즐 속에서 그 단어를 찾아보세요.

보기

- 속상한
- 자랑스러워하는
- 짜증이 난
- 신이 난
- 걱정하는

- annoyed
- upset
- proud
- excited
- worried

a	s	p	v	e	y	w
n	w	r	p	x	z	o
n	t	o	e	c	l	r
o	i	u	w	i	e	r
y	x	d	s	t	u	i
e	u	p	s	e	t	e
d	m	n	o	d	e	d

UNIT 52 Reason 이유

상태나 동작을 나타내는 표현을 배운 후
어떤 행동의 이유를 말해 보아요.

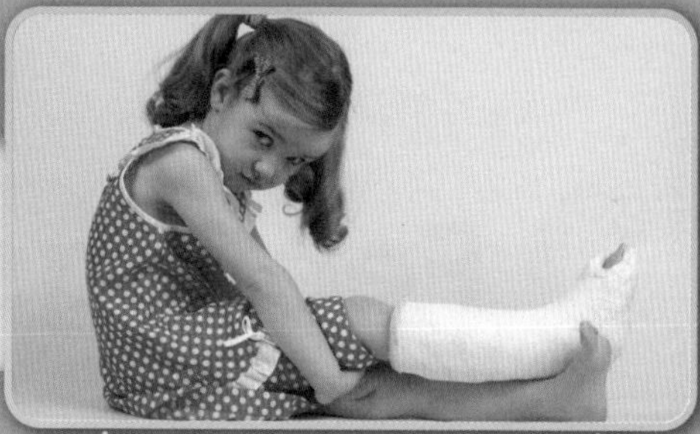

Because I ____________.

break one's leg
다리가 부러지다

왜냐하면 내 다리가 부러졌기 때문이다. (break - broke)

Because I broke my leg.

score a goal
골을 넣다

왜냐하면 내가 골을 넣었기 때문이다. (score - scored)

lose one's dog
개를 잃어버리다

왜냐하면 내가 내 개를 잃어버렸기 때문이다. (lose - lost)

win a game
경기를 이기다

왜냐하면 내가 경기를 이겼기 때문이다. (win - won)

say goodbye
작별 인사를 하다

왜냐하면 내가 작별 인사를 했기 때문이다. (say - said)

Check!

다음 그림에 알맞은 단어를 <보기>에서 찾아 빈칸에 쓰세요.

________ a game

________ a goal

________ one's dog

________ goodbye

보기
break
score
lose
win
say

Exercises UNIT 51~52

A 다음 영어를 우리말로, 우리말은 영어로 빈칸에 쓰세요.

1 upset ____________
2 annoyed ____________
3 worried ____________
4 score a goal ____________
5 win a game ____________
6 자랑스러워하는 ____________
7 신이 난 ____________
8 다리가 부러지다 ____________
9 개를 잃어버리다 ____________
10 작별 인사를 하다 ____________

B 다음 빈칸에 들어갈 알맞은 말을 주어진 우리말에 맞게 쓰세요.

1 Why are you upset?
왜 너는 속상하니?

2 ____________ ____________
왜 너는 신이 났니?

3 ____________ ____________
왜 너는 걱정하니?

4 ____________ ____________
왜 너는 자랑스러워하니?

5 Because I broke my leg.
왜냐하면 내 다리가 부러졌기 때문이다.

6 ____________ ____________
왜냐하면 내가 경기를 이겼기 때문이다.

7 ____________ ____________
왜냐하면 내가 작별 인사를 했기 때문이다.

8 ____________ ____________
왜냐하면 내가 내 개를 잃어버렸기 때문이다.

UNIT 53

Opposites 5 반대말

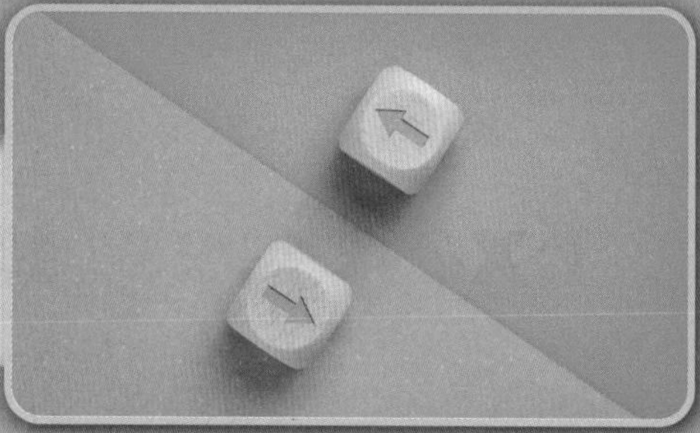

서로 반대되는 의미를 가진 표현을 배워 보아요.

각 표현을 두 번씩 쓰세요.

turn on
(전기·가스 등을) 켜다

turn on turn on

turn off
(전기·가스 등을) 끄다

put on
입다

take off
벗다

get in
들어가다

get out
나오다

pick up
줍다

throw away
버리다

NIT 54

Opposites 6 반대말

서로 반대되는 의미를 가진 동사를 배워 보아요.

각 단어를 두 번씩 쓰세요.

buy
㊍ 사다

buy buy

sell
㊍ 팔다

start
㊍ 시작하다

finish
㊍ 끝내다

save
㊍ (돈을) 모으다

spend
㊍ (돈을) 쓰다

show
㊍ 보여 주다

hide
㊍ 감추다

Exercises UNIT 53~54

A 다음 영어를 우리말로, 우리말은 영어로 빈칸에 쓰세요.

1 buy ______________ 5 팔다 ______________

2 start ______________ 6 끝내다 ______________

3 save ______________ 7 (돈을) 쓰다 ______________

4 show ______________ 8 감추다 ______________

B 다음 그림에 알맞은 표현을 빈칸에 쓰세요.

turn on turn off get in get out
take off put on pick up throw away

____

____

____

____

____

____

____

____

Voca **Review** Test 1

다음 영어를 우리말로, 우리말은 영어로 빈칸에 쓰세요.

	영어	우리말
1	join	가입하다, 연결하다
2		계속 있다
3	go	
4	fall	
5	do	
6	join a book club	
7		계속 침대에 있다
8		등산하러 가다
9		구덩이로 떨어지다
10	do ballet	
11	upset	
12		자랑스러워하는
13	annoyed	
14	excited	
15		걱정하는
16	break one's leg	
17	score a goal	
18	lose one's dog	

	영어	우리말
19	win a game	경기를 이기다
20		작별 인사를 하다
21		(전기·가스 등을) 켜다
22	turn off	
23	put on	
24	take off	
25		들어가다
26		나오다
27		줍다
28	throw away	
29	buy	
30	sell	
31		시작하다
32	finish	
33	save	
34		(돈을) 쓰다
35		보여 주다
36		감추다

UNIT 49~54

Voca **Review** Test 2

우리말 뜻을 참고하여 문장을 완성하세요.

1	독서 모임에 가입하다	I joined a book club yesterday. 나는 어제 독서 모임에 가입했다.
2	계속 침대에 있다	I ______________________. 나는 어제 계속 침대에 있었다.
3	신이 난	Why are you ______________________? 왜 너는 신이 났니?
4	걱정하는	Why ______________________? 왜 너는 걱정하니?
5	골을 넣다	Because I ______________________. 왜냐하면 내가 골을 넣었기 때문이다.
6	개를 잃어버리다	Because ______________________. 왜냐하면 내가 내 개를 잃어버렸기 때문이다.
7	구덩이로 떨어지다	I ______________________ yesterday. 나는 어제 구덩이로 떨어졌다.
8	발레를 하다	I ______________________. 나는 어제 발레를 했다.
9	자랑스러워하는	Why are you ______________________? 왜 너는 자랑스러워하니?
10	짜증이 난	Why ______________________? 왜 너는 짜증이 났니?
11	경기를 이기다	Because I ______________________. 왜냐하면 내가 경기를 이겼기 때문이다.
12	작별 인사를 하다	Because ______________________. 왜냐하면 내가 작별 인사를 했기 때문이다.

PART 10

각 UNIT의 QR 코드를 스캔하여
영단어, 영어 표현, 예시 문장을 듣고 따라해 보세요.

UNIT 55 **Illness**

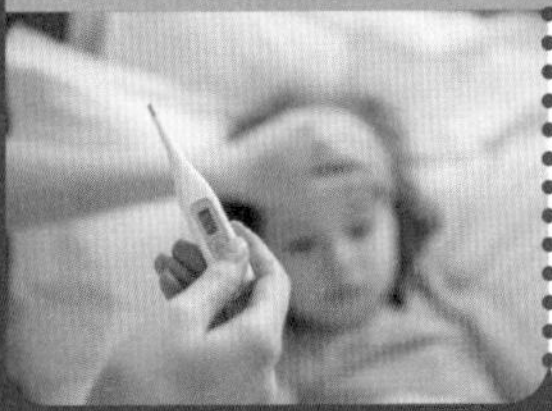

오디오 QR 코드

UNIT 56 **Health**

오디오 QR 코드

UNIT 57 **Environment 1**

오디오 QR 코드

UNIT 58 **Environment 2**

오디오 QR 코드

UNIT 59 **Daily Life 1**

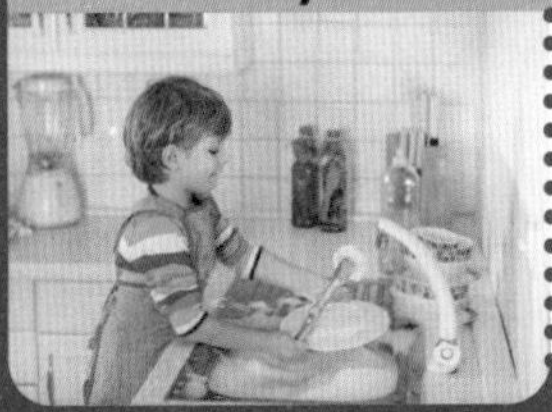

오디오 QR 코드

UNIT 60 **Daily Life 2**

오디오 QR 코드

UNIT 55

Illness 질병

질병과 증상을 나타내는 단어를 배운 후 어디가 아픈지 말해 보아요.

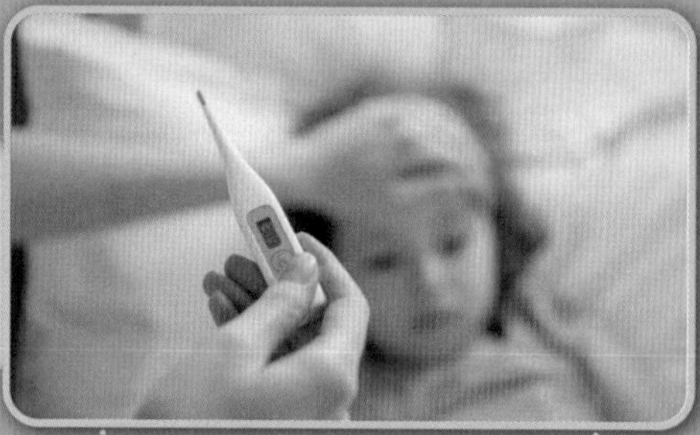

I have a(the) ___________.

cough
명 기침

나는 기침이 난다.
I have a cough.

flu
명 독감

나는 독감에 걸렸다.
the

stomachache
명 복통

나는 복통이 있다.

sore throat
명 인후염

나는 인후염이 있다(목이 아프다).

runny nose
명 콧물

나는 콧물이 난다.

Check!

<보기>의 우리말 뜻에 알맞은 영어 단어를 연결하세요.

보기	
기침	flu
독감	cough
복통	runny nose
인후염	stomachache
콧물	sore throat

UNIT 56

Health 건강

You should ___________.

아플 때 하면 좋은 행동들에 대한 표현을 배운 후
아픈 사람에게 조언해 보아요.

get some rest
휴식을 좀 취하다

너는 휴식을 좀 취해야 한다.
You should get some rest.

take some medicine
약을 좀 복용하다

너는 약을 좀 복용해야 한다.

wear a mask
마스크를 쓰다

너는 마스크를 써야 한다.

drink warm water
따뜻한 물을 마시다

너는 따뜻한 물을 마셔야 한다.

go to a doctor
병원에 가다

너는 병원에 가야 한다.

Check!

빈칸에 알맞은 철자를 채워 넣고, <보기>에서 우리말 뜻을 찾아 연결하세요.

- _ear a ma_k
- d_ink wa_m wa_er
- g_t some re_t
- _ake some medi_ine
- go to a do_tor

보기
- 휴식을 좀 취하다
- 약을 좀 복용하다
- 마스크를 쓰다
- 따뜻한 물을 마시다
- 병원에 가다

Exercises UNIT 55~56

A 다음 영어를 우리말로, 우리말은 영어로 빈칸에 쓰세요.

1 cough	______	6 독감	______
2 stomachache	______	7 인후염	______
3 runny nose	______	8 휴식을 좀 취하다	______
4 wear a mask	______	9 약을 좀 복용하다	______
5 drink warm water	______	10 병원에 가다	______

B 다음 빈칸에 들어갈 알맞은 말을 주어진 우리말에 맞게 쓰세요.

1 I have a / cough.
나는 기침이 난다.

2 ______ / ______
나는 복통이 있다.

3 ______ / ______
나는 인후염이 있다(목이 아프다).

4 ______ / ______
나는 콧물이 난다.

5 You should / get some rest.
너는 휴식을 좀 취해야 한다.

6 ______ / ______
너는 약을 좀 복용해야 한다.

7 ______ / ______
너는 마스크를 써야 한다.

8 ______ / ______
너는 병원에 가야 한다.

UNIT 57

Environment 1 환경

현대 사회에서 다양한 형태로 나타나는 환경 오염과 관련된
표현을 배우고 말해 보아요.

It's about ____________.

global warming
지구 온난화

그것은 지구 온난화에 대한 것이다.
It's about global warming.

air pollution
공기 오염

그것은 공기 오염에 대한 것이다.

water pollution
수질 오염

그것은 수질 오염에 대한 것이다.

noise pollution
소음 공해

그것은 소음 공해에 대한 것이다.

plastic pollution
플라스틱 오염

그것은 플라스틱 오염에 대한 것이다.

Check!

빈칸에 알맞은 철자를 채워 넣고, <보기>에서 우리말 뜻을 찾아 연결하세요.

보기
- 지구 온난화
- 공기 오염
- 수질 오염
- 소음 공해
- 플라스틱 오염

- wa_er p_llution
- plasti_ pol_ution
- no_se poll_tion
- glo_al war_ing
- _ir pollut_on

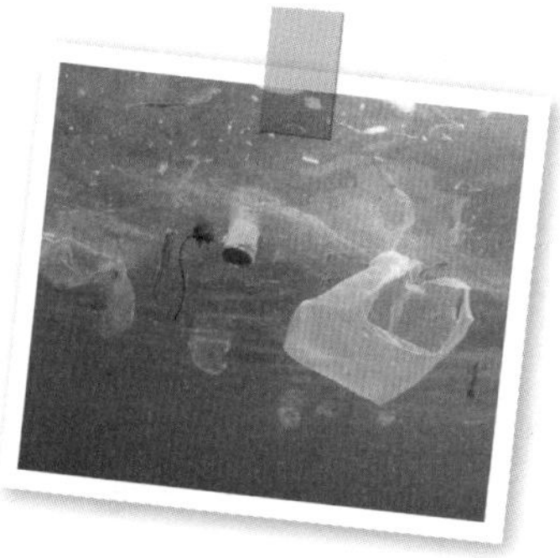

UNIT 58

Environment 2 환경

환경 보호와 관련된 표현을 배운 후
어떤 행동을 하는 게 좋겠다고 조언해 보아요.

We should ______________.

save energy
에너지를 아껴 쓰다

우리는 에너지를 아껴 써야 한다.

We should save energy.

use a personal cup
개인 컵을 사용하다

우리는 개인 컵을 사용해야 한다.

turn off the light
전등을 끄다

우리는 전등을 꺼야 한다.

reuse bottles
병을 재사용하다

우리는 병들을 재사용해야 한다.

recycle paper
종이를 재활용하다

우리는 종이를 재활용해야 한다.

Check!

빈칸에 알맞은 철자를 채워 넣고, <보기>에서 우리말 뜻을 찾아 연결하세요.

- tur☐ off the ligh☐
- ☐se a per☐onal cup
- sa☐e ene☐gy
- rec☐cle pa☐er
- ☐euse bot☐les

보기
- 에너지를 아껴 쓰다
- 개인 컵을 사용하다
- 전등을 끄다
- 병을 재사용하다
- 종이를 재활용하다

Exercises UNIT 57~58

A 다음 영어를 우리말로, 우리말은 영어로 빈칸에 쓰세요.

1 global warming ______________

2 water pollution ______________

3 plastic pollution ______________

4 turn off the light ______________

5 reuse bottles ______________

6 공기 오염 ______________

7 소음 공해 ______________

8 에너지를 아껴 쓰다 ______________

9 개인 컵을 사용하다 ______________

10 종이를 재활용하다 ______________

B 다음 빈칸에 들어갈 알맞은 말을 주어진 우리말에 맞게 쓰세요.

1 It's about global warming.
그것은 지구 온난화에 대한 것이다.

2 ______________ ______________
그것은 수질 오염에 대한 것이다.

3 ______________ ______________
그것은 소음 공해에 대한 것이다.

4 ______________ ______________
그것은 공기 오염에 대한 것이다

5 We should save energy.
우리는 에너지를 아껴 써야 한다.

6 ______________ ______________
우리는 병들을 재사용해야 한다.

7 ______________ ______________
우리는 전등을 꺼야 한다.

8 ______________ ______________
우리는 종이를 재활용해야 한다.

UNIT 59 Daily Life 1 일상

일상에서 자주 하는 행동을 나타내는 표현을 배운 후
누군가가 현재 무엇을 하고 있는지 말해 보아요.

He is ____________.

wash the dishes
설거지를 하다

그는 설거지를 하고 있다. (wash - washing)

He is washing the dishes.

clean the room
방을 청소하다

그는 방을 청소하고 있다. (clean - cleaning)

make dinner
저녁을 만들다

그는 저녁을 만들고 있다. (make - making)

draw a picture
그림을 그리다

그는 그림을 그리고 있다. (draw - drawing)

cut paper
종이를 자르다

그는 종이를 자르고 있다. (cut - cutting)

Check!

빈칸에 들어갈 알맞은 단어를 <보기>에서 찾아 연결한 후 빈칸을 채우세요.

보기
- wash
- clean
- make
- draw
- cut

- ________ a picture 그림을 그리다
- ________ the room 방을 청소하다
- ________ paper 종이를 자르다
- ________ the dishes 설거지를 하다
- ________ dinner 저녁을 만들다

UNIT 60 Daily Life 2 일상

일상에서 자주 하는 행동을 나타내는 표현을 배운 후
누군가가 과거에 무엇을 하고 있었는지 말해 보아요.

He was ____________.

talk on the phone
전화 통화를 하다

그는 전화 통화를 하고 있었다. (talk - talking)

He was talking on the phone.

cross the street
길을 건너다

그는 길을 건너고 있었다. (cross - crossing)

take care of one's dog
개를 돌보다

그는 그의 개를 돌보고 있었다. (take - taking)

play the piano
피아노를 치다

그는 피아노를 치고 있었다. (play - playing)

fix the glasses
안경을 고치다

그는 안경을 고치고 있었다. (fix - fixing)

Check! <보기>의 우리말 뜻에 알맞은 영어 표현을 연결하세요.

- take care of one's dog
- talk on the phone
- fix the glasses
- play the piano
- cross the street

보기
- 전화 통화를 하다
- 길을 건너다
- 개를 돌보다
- 피아노를 치다
- 안경을 고치다

Exercises UNIT 59~60

A 다음 영어를 우리말로, 우리말은 영어로 빈칸에 쓰세요.

1 wash the dishes ______________

2 make dinner ______________

3 draw a picture ______________

4 cross the street ______________

5 play the piano ______________

6 방을 청소하다 ______________

7 종이를 자르다 ______________

8 전화 통화를 하다 ______________

9 개를 돌보다 ______________

10 안경을 고치다 ______________

B 다음 빈칸에 들어갈 알맞은 말을 주어진 우리말에 맞게 쓰세요.

1 He is washing the dishes.
그는 설거지를 하고 있다.

2 ______ ______________
그는 종이를 자르고 있다.

3 ______ ______________
그는 저녁을 만들고 있다.

4 ______ ______________
그는 방을 청소하고 있다.

5 He was talking on the phone.
그는 전화 통화를 하고 있었다.

6 ______ ______________
그는 길을 건너고 있었다.

7 ______ ______________
그는 안경을 고치고 있었다.

8 ______ ______________
그는 그의 개를 돌보고 있었다.

Voca **Review** Test 1

UNIT 55~60

다음 영어를 우리말로, 우리말은 영어로 빈칸에 쓰세요.

	영어	우리말		영어	우리말
1	cough	기침	16	save energy	에너지를 아껴 쓰다
2		독감	17	use a personal cup	
3	stomachache		18	turn off the light	
4	sore throat		19		병을 재사용하다
5	runny nose		20		종이를 재활용하다
6	get some rest		21		설거지를 하다
7		약을 좀 복용하다	22	clean the room	
8		마스크를 쓰다	23	make dinner	
9		따뜻한 물을 마시다	24	draw a picture	
10	go to a doctor		25		종이를 자르다
11	global warming		26		전화 통화를 하다
12		공기 오염	27		길을 건너다
13	water pollution		28	take care of one's dog	
14	noise pollution		29	play the piano	
15		플라스틱 오염	30	fix the glasses	

Voca **Review** Test **2**

우리말 뜻을 참고하여 문장을 완성하세요.

1	기침	I have a cough. 나는 기침이 난다.
2	콧물	I ______________________. 나는 콧물이 난다.
3	휴식을 취하다	You should ______________________. 너는 휴식을 좀 취해야 한다.
4	마스크를 쓰다	You ______________________. 너는 마스크를 써야 한다.
5	지구 온난화	It's about ______________________. 그것은 지구 온난화에 대한 것이다.
6	공기 오염	It's ______________________. 그것은 공기 오염에 대한 것이다.
7	에너지를 아껴 쓰다	We should ______________________. 우리는 에너지를 아껴 써야 한다.
8	병을 재사용하다	We ______________________. 우리는 병들을 재사용해야 한다.
9	설거지를 하다	He is ______________________. 그는 설거지를 하고 있다.
10	종이를 자르다	He ______________________. 그는 종이를 자르고 있다.
11	전화 통화를 하다	He was ______________________. 그는 전화 통화를 하고 있었다.
12	피아노를 치다	He ______________________. 그는 피아노를 치고 있었다.
13	안경을 고치다	He ______________________. 그는 안경을 고치고 있었다.
14	방을 청소하다	He is ______________________. 그는 방을 청소하고 있다.
15	저녁을 만들다	He ______________________. 그는 저녁을 만들고 있다.
16	그림을 그리다	He ______________________. 그는 그림을 그리고 있다.

PART 11

각 UNIT의 QR 코드를 스캔하여
영단어, 영어 표현, 예시 문장을 듣고 따라해 보세요.

UNIT 61 **Environment 3**

오디오 QR 코드

UNIT 62 **Safety**

오디오 QR 코드

UNIT 63 **Jobs**

오디오 QR 코드

UNIT 64 **Meanings 3**

오디오 QR 코드

UNIT 65 **Meanings 4**

오디오 QR 코드

UNIT 66 **Opposites 7**

오디오 QR 코드

UNIT 61

Environment 3 환경

환경 보호와 관련된 표현을 배운 후
어떤 행동을 하도록 제안해 보아요.

Why don't you ______?

use the stairs
계단을 이용하다

계단을 이용하는 것이 어떠니?
Why don't you use the stairs?

ride a bike
자전거를 타다

자전거를 타는 것이 어떠니?

pick up the trash
쓰레기를 줍다

쓰레기를 줍는 것이 어떠니?

use a cloth bag
천 가방을 사용하다

천 가방을 사용하는 것이 어떠니?

clean a park
공원을 청소하다

공원을 청소하는 것이 어떠니?

Check!

다음 그림에 알맞은 표현을 <보기>에서 찾아 쓰세요.

보기
- use the stairs
- ride a bike
- pick up the trash
- use a cloth bag
- clean a park

______

______

______

UNIT 62

Safety 안전

안전과 관련된 표현을 배운 후
안전을 위한 행동을 하는 것을 잊지 말라고 말해 보아요.

Don't forget to __________.

wear a helmet
헬멧을 쓰다

헬멧 쓰는 것을 잊지 마.
Don't forget to wear a helmet.

look left and right
좌우를 살피다

좌우를 살피는 것을 잊지 마.

stop at the red light
빨간불에 멈추다

빨간불에 멈추는 것을 잊지 마.

use the crosswalk
횡단보도를 이용하다

횡단보도 이용하는 것을 잊지 마.

slow down the speed
속도를 줄이다

속도 줄이는 것을 잊지 마.

Check!

다음 그림에 알맞은 단어를 <보기>에서 찾아 빈칸에 쓰세요.

__________ the crosswalk

__________ at the red light

__________ a helmet

__________ down the speed

보기
wear
look
stop
use
slow

Exercises UNIT 61~62

A 다음 영어를 우리말로, 우리말은 영어로 빈칸에 쓰세요.

1 use the stairs ______________

2 pick up the trash ______________

3 clean a park ______________

4 look left and right ______________

5 use the crosswalk ______________

6 자전거를 타다 ______________

7 천 가방을 사용하다 ______________

8 헬멧을 쓰다 ______________

9 빨간불에 멈추다 ______________

10 속도를 줄이다 ______________

B 다음 빈칸에 들어갈 알맞은 말을 주어진 우리말에 맞게 쓰세요.

1 Why don't you / use the stairs?
계단을 이용하는 것이 어떠니?

2 ______________ / ______________
쓰레기를 줍는 것이 어떠니?

3 ______________ / ______________
자전거를 타는 것이 어떠니?

4 ______________ / ______________
천 가방을 사용하는 것이 어떠니?

5 Don't forget to / wear a helmet.
헬멧 쓰는 것을 잊지 마.

6 ______________ / ______________
횡단보도 이용하는 것을 잊지 마.

7 ______________ / ______________
좌우를 살피는 것을 잊지 마.

8 ______________ / ______________
빨간불에 멈추는 것을 잊지 마.

UNIT 63

Jobs 직업

직업을 나타내는 단어를 배운 후
미래에 무엇이 되고 싶은지 말해 보아요.

I want to be a ___________.

musician

명 음악가

나는 음악가가 되고 싶다.

I want to be a musician.

writer

명 작가

나는 작가가 되고 싶다.

poet

명 시인

나는 시인이 되고 싶다.

flight attendant

명 승무원

나는 승무원이 되고 싶다.

car engineer

명 자동차 정비공

나는 자동차 정비공이 되고 싶다.

Check! 빈칸에 알맞은 철자를 채워 넣고, <보기>에서 우리말 뜻을 찾아 연결하세요.

보기	
음악가	musi☐ian
작가	poe☐
시인	ca☐ engine☐r
승무원	write☐
자동차 정비공	flig☐t atten☐ant

UNIT 64 Meanings 3 의미

여러 의미를 가진 단어를 배워 보아요.

각 단어를 두 번씩 쓰세요.

like
동 좋아하다

like like

like
전 ~와 비슷한

dress
동 옷을 입다

dress
명 옷

break
동 깨다

break
명 휴식

wave
동 (손·팔을) 흔들다

wave
명 파도

Exercises UNIT 63~64

A 다음 영어를 우리말로, 우리말은 영어로 빈칸에 쓰세요.

1 musician ______________

2 writer ______________

3 car engineer ______________

4 like ______ ; ______

5 wave ______ ; ______

6 승무원 ______________

7 시인 ______________

8 깨다; 휴식 ______________

9 옷을 입다; 옷 ______________

B 다음 빈칸에 들어갈 알맞은 말을 주어진 우리말에 맞게 쓰세요.

1 I want to be a musician.
나는 음악가가 되고 싶다.

2 ______________ ______________
나는 작가가 되고 싶다.

3 ______________ ______________
나는 승무원이 되고 싶다.

4 ______________ ______________
나는 시인이 되고 싶다.

5 ______________ ______________
나는 자동차 정비공이 되고 싶다.

UNIT 65

Meanings 4 의미

비슷한 의미를 가진 동사를 배워 보아요.

각 단어를 두 번씩 쓰세요.

trust
동 믿다

trust trust

believe
동 믿다

pull
동 끌다

drag
동 끌다

gather
동 모으다

collect
동 모으다

deliver
동 전달하다

carry
동 전달하다

UNIT 66

Opposites 7 반대말

서로 반대되는 의미를 가진 형용사를 배워 보아요.

각 단어를 두 번씩 쓰세요.

awake
㉻ 잠들지 않은

awake awake

asleep
㉻ 잠이 든

near
㉻ 가까운

far
㉻ 먼

dark
㉻ 어두운

light
㉻ (날·빛이) 밝은

straight
㉻ 곧은, 똑바른

curvy
㉻ 구불구불한

Exercises UNIT 65~66

A 다음 영어를 우리말로 빈칸에 쓴 후 영단어를 다시 써 보세요.

		우리말	영단어 다시 쓰기
1	trust		
2	believe		
3	pull		
4	drag		
5	gather		
6	collect		
7	deliver		
8	carry		
9	awake		
10	asleep		
11	near		
12	far		
13	dark		
14	light		
15	straight		
16	curvy		

Voca **Review** Test 1

다음 영어를 우리말로, 우리말은 영어로 빈칸에 쓰세요.

	영어	우리말
1	use the stairs	계단을 이용하다
2		자전거를 타다
3	pick up the trash	
4	use a cloth bag	
5	clean a park	
6	wear a helmet	
7		좌우를 살피다
8	stop at the red light	
9		횡단보도를 이용하다
10	slow down the speed	
11	musician	
12		작가
13	poet	
14	flight attendant	
15		자동차 정비공
16		좋아하다; ~와 비슷한
17	dress	;

	영어	우리말
18	break	깨다; 휴식
19	wave	;
20	,	밀다
21	,	끌다
22	gather	
23	collect	
24	deliver	
25	carry	
26	awake	
27		잠이 든
28		가까운
29		먼
30	dark	
31	light	
32	straight	
33	curvy	

UNIT 61~66

Voca **Review** Test 2

우리말 뜻을 참고하여 문장을 완성하세요.

1	계단을 이용하다	Why don't you use the stairs? 계단을 이용하는 것이 어떠니?
2	자전거를 타다	Why ______________________? 자전거를 타는 것이 어떠니?
3	좌우를 살피다	Don't forget to ______________________. 좌우를 살피는 것을 잊지 마.
4	빨간불에 멈추다	Don't ______________________. 빨간불에 멈추는 것을 잊지 마.
5	음악가	I want to be a ______________________. 나는 음악가가 되고 싶다.
6	작가	I ______________________. 나는 작가가 되고 싶다.
7	천 가방을 사용하다	Why don't you ______________________? 천 가방을 사용하는 것이 어떠니?
8	공원을 청소하다	Why ______________________? 공원을 청소하는 것이 어떠니?
9	횡단보도를 이용하다	Don't forget to ______________________. 횡단보도 이용하는 것을 잊지 마.
10	속도를 줄이다	Don't ______________________. 속도 줄이는 것을 잊지 마.
11	승무원	I want to be a ______________________. 나는 승무원이 되고 싶다.
12	자동차 정비공	I ______________________. 나는 자동차 정비공이 되고 싶다.

혼공 초등 영단어
Basic 01

Workbook

UNIT 01

영단어	우리말	철자
first		fi☐st
second		sec☐nd
third		thir☐
fourth		☐ourth
fifth		f☐fth

UNIT 02

영단어	우리말	철자
sixth		sixt☐
seventh		seve☐th
eighth		e☐ghth
ninth		ni☐th
tenth		ten☐h

UNIT 03

영어 표현	우리말
see ________	꽃을 보다
plant a tree	
________ at the beach	해변에서 수영하다
go ________	서핑하러 가다
wear sunscreen	

UNIT 04

영어 표현	우리말
________ apples	사과를 따다
pick up ________	낙엽을 줍다
build a snowman	
have a snowball fight	
________ hot chocolate	뜨거운 코코아를 마시다

UNIT 05

영단어	우리말	철자
tall		tal[ ]
short		s[ ]ort
slim		sl[ ]m
thin		[ ]hin
fit		f[ ]t

UNIT 06

영어 표현	우리말
________ face	둥근 얼굴
brown eyes	
black eyes	
________ hair	곱슬머리
________ hair	생머리, 곧은 머리

UNIT 07

영단어	우리말	철자
snack		snac[ ]
homework		hom[ ]work
bath		[ ]ath
rest		r[ ]st
walk		wa[ ]k

UNIT 08

영단어	우리말	철자
noodle		nood[ ]e
meat		mea[ ]
vegetable		ve[ ]etable
fruit		fr[ ]it
dessert		de[ ]sert

UNIT 09

영단어	우리말	철자
beef curry		b□ef c□rry
shrimp burger		shri□p b□rger
egg sandwich		□gg sandwi□h
chicken salad		chic□en sala□
apple pie		ap□le pi□

UNIT 10

영단어	우리말	철자
delicious		d□licious
salty		sa□ty
sour		so□r
sweet		s□eet
spicy		spi□y

UNIT 11

영단어	우리말	철자
bored		b□red
busy		bus□
mad		□ad
sleepy		slee□y
thirsty		t□irsty

UNIT 12

영단어	우리말	철자
fast	형	fa□t
fast	부	fas□
late	형	□ate
late	부	la□e
high	형	□igh
high	부	hi□h

UNIT 13

영단어	우리말	철자
Korea		Ko□ea
The United States		The U□ited State□
Germany		German□
China		□hina
Japan		Ja□an

UNIT 14

영단어	우리말	철자
Korean		Kore□n
American		A□erican
German		Germ□n
Chinese		C□inese
Japanese		Japane□e

UNIT 15

영단어	우리말	철자
star		sta□
rainbow		rainb□w
sky		s□y
moon		□oon
cloud		clou□

UNIT 16

영단어	우리말	철자
bright		brigh□
colorful		col□rful
beautiful		be□utiful
peaceful		peac□ful
wonderful		won□erful

UNIT 17

영단어	우리말	철자
coat		coa☐
shorts		shor☐s
pants		pa☐ts
skirt		ski☐t
pajamas		pa☐amas

UNIT 18

영단어	우리말	철자
math		mat☐
science		scien☐e
English		En☐lish
social studies		s☐cial st☐dies
P. E.		☐. E.

UNIT 19

영어 표현	우리말
open the door	
________ the window	창문을 닫다
________ slowly	천천히 말하다
wash one's hands	
wear a ________ cap	수영 모자를 쓰다

UNIT 20

영어 표현	우리말
run in the classroom	
touch ________	그것을 만지다
________ one's friend	친구를 밀다
________ here	여기에 들어오다
eat food	

UNIT 21

영어 표현	우리말
________ a picture	사진을 찍다
use a pen	
watch TV	
________ a dog	개를 데려오다
go to the restroom	

UNIT 22

영어 표현	우리말
ride a bike	
make cookies	
________ a game	게임을 하다
go to the library	
________ a picture	그림을 그리다

UNIT 23

영단어	우리말	철자
clap		cla☐
cough		cou☐h
cry		cr☐
laugh		l☐ugh
hop		h☐p

UNIT 24

영단어	우리말	철자
teach		teac☐
learn		le☐rn
give		☐ive
take		t☐ke
work		wor☐
play		pl☐y

UNIT 25

영단어	우리말	철자
always		alwa☐s
usually		usua☐ly
often		o☐ten
sometimes		so☐etimes
never		n☐ver

UNIT 26

영어 표현	우리말
order pizza	
________ to music	음악을 듣다
play outside	
take a ________	낮잠을 자다
________ one's teeth	이를 닦다

UNIT 27

영단어	우리말	철자
once		on☐e
twice		t☐ice
three times		☐hree tim☐s
four times		fo☐r times
five times		five ti☐es

UNIT 28

영어 표현	우리말
go to the ________	공원에 가다
go to a concert	
go on a ________	소풍을 가다
go on a trip	
go ________	낚시하러 가다

UNIT 29

영단어	우리말	철자
boring		borin□
interesting		interes□ing
easy		ea□y
difficult		dif□icult
cheap		che□p
expensive		expensiv□

UNIT 30

영단어	우리말	철자
right	,	□ight
light	,	□ight
full	,	ful□
hard	,	ha□d

UNIT 31

영어 표현	우리말
on	
in	
under	
________ front of	~ 앞에
________ to	~ 옆에

UNIT 32

영단어	우리말	철자
o'clock		o'clo□k
past		pas□
quarter		□uarter
half		ha□f
to		t□

UNIT 33

영어 표현	우리말
get it	
get a ________	직장을 얻다
get a text	
get ________	집에 도착하다
get on the bus	

UNIT 34

영단어	우리말	철자
look		□ook
feel		fe□l
taste		tast□
smell		s□ell
sound		so□nd

UNIT 35

영단어	우리말	철자
baker		ba□er
reader		r□ader
painter		pa□nter
sailor		sail□r
actor		□ctor

UNIT 36

영단어	우리말	철자
scientist		scienti□t
pianist		p□anist
artist		arti□t
dentist		d□ntist
tourist		tou□ist

UNIT 37

영단어	우리말	철자
fill		fil☐
practice		practi☐e
grow		gro☐
draw		dra☐
water		☐ater

UNIT 38

영어 표현	우리말
________ the cup	컵을 채우다
practice the guitar	
________ onions	양파를 키우다
draw a map	
water ________	식물에 물을 주다

UNIT 39

영단어	우리말	철자
museum		muse☐m
beach		be☐ch
farm		fa☐m
market		ma☐ket
zoo		☐oo

UNIT 40

영단어	우리말	철자
taller		talle☐
stronger		strong☐r
faster		f☐ster
slower		slo☐er
younger		youn☐er

UNIT 41

영단어	우리말	철자
useful		use□ul
useless		use□ess
powerful		powe□ful
powerless		po□erless
helpful		help□ul
helpless		helples□
harmful		□armful
harmless		harm□ess

UNIT 42

영단어	우리말	철자
sit		si□
stand		sta□d
borrow		bor□ow
lend		□end
win		□in
lose		lo□e
live		li□e
die		d□e

UNIT 43

영단어	우리말	철자
stone		s□one
glass		glas□
wood		wo□d
rubber		rubb□r
metal		meta□

UNIT 44

영단어	우리말	철자
soft		s□ft
rough		rou□h
smooth		sm□oth
sharp		shar□
cold		□old

UNIT 45

영어 표현	우리말
travel ________	해외여행을 하다
get a ________	100점을 받다
pass the exam	
help people	
be a ________	사진사가 되다

UNIT 46

영어 표현	우리말
jump ________	줄넘기를 하다
ride a swing	
________ flowers	꽃을 심다
collect leaves	
________ soccer	축구를 하다

UNIT 47

영단어	우리말	철자
graduation		□raduation
birthday party		birthd□y p□rty
talent show		talen□ □how
movie festival		mo□ie fe□tival
sports day		s□orts □ay

UNIT 48

영단어	우리말	철자
pay		□ay
carry		car□y
feed		fe□d
build		bui□d
meet		m□et

UNIT 49

영단어	우리말	철자
join		□oin
stay		s□ay
go		g□
fall		f□ll
do		d□

UNIT 50

영어 표현	우리말
join a book ______	독서 모임에 가입하다
stay in bed	
______ hiking	등산하러 가다
fall into a ______	구덩이로 떨어지다
do ballet	

UNIT 51

영단어	우리말	철자
upset		u□set
proud		pr□ud
annoyed		anno□ed
excited		ex□ited
worried		worr□ed

UNIT 52

영어 표현	우리말
______ one's leg	다리가 부러지다
______ a goal	골을 넣다
lose one's dog	
win a game	
say ______	작별 인사를 하다

UNIT 53

영어 표현	우리말
turn on	
turn off	
________ on	입다
take off	
get ________	들어가다
get out	
________ up	줍다
throw away	

UNIT 54

영단어	우리말	철자
buy		b□y
sell		s□ll
start		sta□t
finish		fi□ish
save		sa□e
spend		spe□d
show		□how
hide		□ide

UNIT 55

영단어	우리말	철자
cough		cou□h
flu		fl□
stomachache		stom□chache
sore throat		sor□ throa□
runny nose		runn□ no□e

UNIT 56

영어 표현	우리말
get some ________	휴식을 좀 취하다
________ some medicine	약을 좀 복용하다
wear a mask	
drink warm water	
go to a doctor	

UNIT 57

영단어	우리말	철자
global warming		glo[ ]al warm[ ]ng
air pollution		[ ]ir pollutio[ ]
water pollution		[ ]ater po[ ]lution
noise pollution		[ ]oise pol[ ]ution
plastic pollution		pla[ ]tic polluti[ ]n

UNIT 58

영어 표현	우리말
save energy	
use a ________ cup	개인 컵을 사용하다
turn off the light	
________ bottles	병을 재사용하다
________ paper	종이를 재활용하다

UNIT 59

영어 표현	우리말
wash the ________	설거지를 하다
clean the room	
make ________	저녁을 만들다
draw a picture	
cut ________	종이를 자르다

UNIT 60

영어 표현	우리말
talk ________ the phone	전화 통화를 하다
________ the street	길을 건너다
take care of one's dog	
play the piano	
fix the ________	안경을 고치다

UNIT 61

영어 표현	우리말
use the ________	계단을 이용하다
ride a bike	
pick up the ________	쓰레기를 줍다
use a cloth bag	
________ a park	공원을 청소하다

UNIT 62

영어 표현	우리말
________ a helmet	헬멧을 쓰다
look left and ________	좌우를 살피다
stop at the red light	
use the ________	횡단보도를 이용하다
slow down the speed	

UNIT 63

영단어	우리말	철자
musician		musici[ ]n
writer		wri[ ]er
poet		poe[ ]
flight attendant		fli[ ]ht atten[ ]ant
car engineer		ca[ ] en[ ]ineer

UNIT 64

영단어	우리말	철자
like	동	lik[ ]
like	전	li[ ]e
dress	동	dr[ ]ss
dress	명	dres[ ]
break	동	b[ ]eak
break	명	[ ]reak
wave	동	wa[ ]e
wave	명	wav[ ]

UNIT 65

영단어	우리말	철자
trust		tru□t
believe		belie□e
pull		pul□
drag		d□ag
gather		gat□er
collect		coll□ct
deliver		del□ver
carry		c□rry

UNIT 66

영단어	우리말	철자
awake		aw□ke
asleep		asl□ep
near		ne□r
far		f□r
dark		dar□
light		lig□t
straight		strai□ht
curvy		cur□y

혼공 초등 영단어
Basic 01

정답

UNIT 01 Grades p.10

first: I am in the first grade.
second: I am in the second grade.
third: I am in the third grade.
fourth: I am in the fourth grade.
fifth: I am in the fifth grade.

Check!

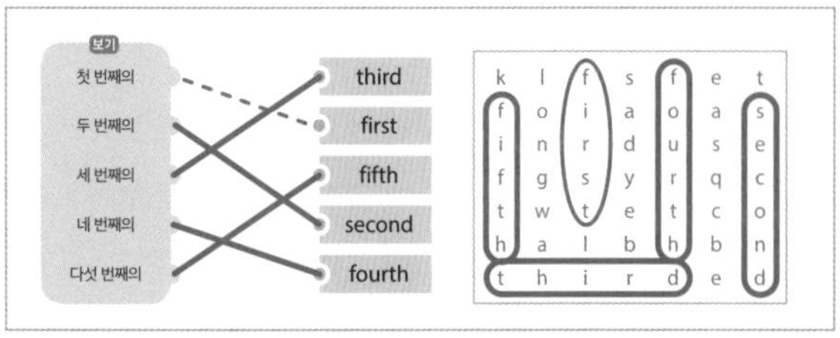

UNIT 02 Floors p.11

sixth: I am on the sixth floor.
seventh: I am on the seventh floor.
eighth: I am on the eighth floor.
ninth: I am on the ninth floor.
tenth: I am on the tenth floor.

Check!

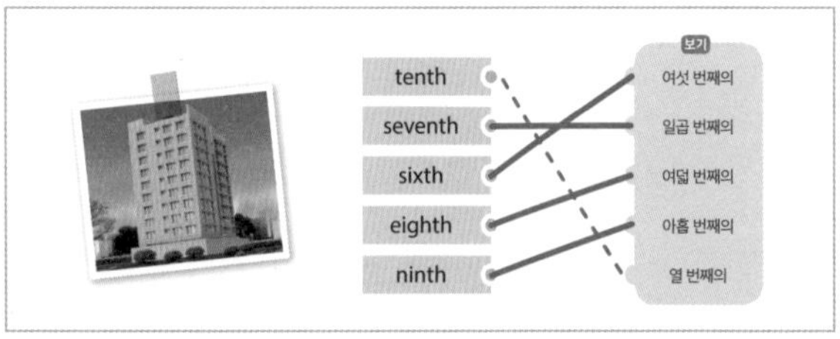

Exercises p.12

A

① 첫 번째의 ② 세 번째의 ③ 다섯 번째의
④ 일곱 번째의 ⑤ 아홉 번째의 ⑥ second
⑦ fourth ⑧ sixth ⑨ eighth
⑩ tenth

B

① I am in the first grade.
② I am in the second grade.
③ I am in the third grade.
④ I am in the fourth grade.
⑤ I am on the sixth floor.
⑥ I am on the seventh floor.
⑦ I am on the eighth floor.
⑧ I am on the ninth floor.

UNIT 03 Seasons 1 .... p.13

see flowers: I see flowers in spring.
plant a tree: I plant a tree in spring.
swim at the beach: I swim at the beach in summer.
go surfing: I go surfing in summer.
wear sunscreen: I wear sunscreen in summer.

Check!

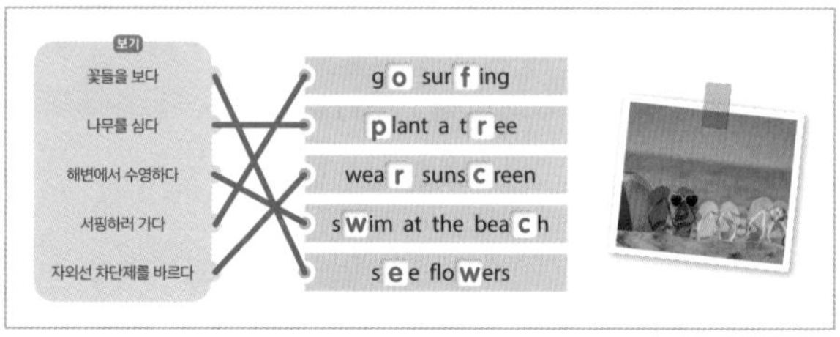

UNIT 04 Seasons 2 .... p.14

pick apples: I pick apples in fall.
pick up leaves: I pick up leaves in fall.
build a snowman: I build a snowman in winter.
have a snowball fight: I have a snowball fight in winter.
drink hot chocolate: I drink hot chocolate in winter.

Check!

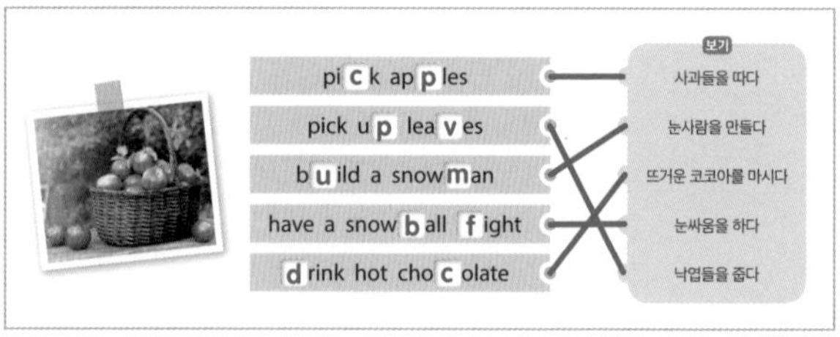

Exercises p.15

A

① 꽃을 보다 ② 해변에서 수영하다
③ 자외선 차단제를 바르다 ④ 낙엽을 줍다
⑤ 사과를 따다 ⑥ plant a tree
⑦ go surfing ⑧ have a snowball fight
⑨ build a snowman ⑩ drink hot chocolate

B

① I see flowers in spring.
② I plant a tree in spring.
③ I go surfing in summer.
④ I wear sunscreen in summer.
⑤ I pick apples in fall.
⑥ I pick up leaves in fall.
⑦ I have a snowball fight in winter.
⑧ I drink hot chocolate in winter.

UNIT 05 Looks 1 .... p.16

tall: She is tall.
short: He is short.
slim: He is slim.
thin: She is thin.
fit: He is fit.

Check!

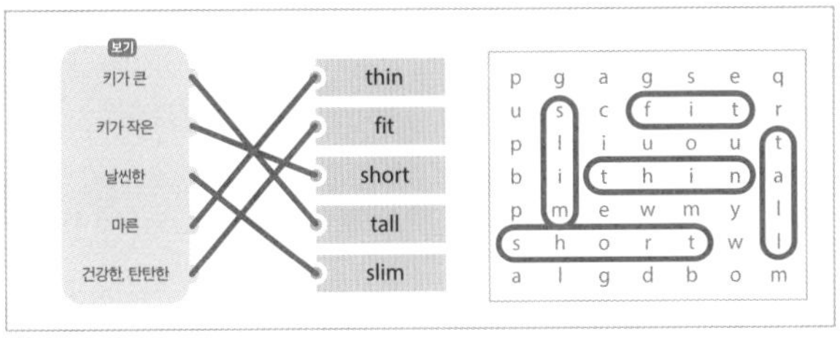

UNIT 06 Looks 2 .... p.17

round face: She has a round face.
brown eyes: He has brown eyes.
black eyes: She has black eyes.
curly hair: He has curly hair.
straight hair: She has straight hair.

Check!

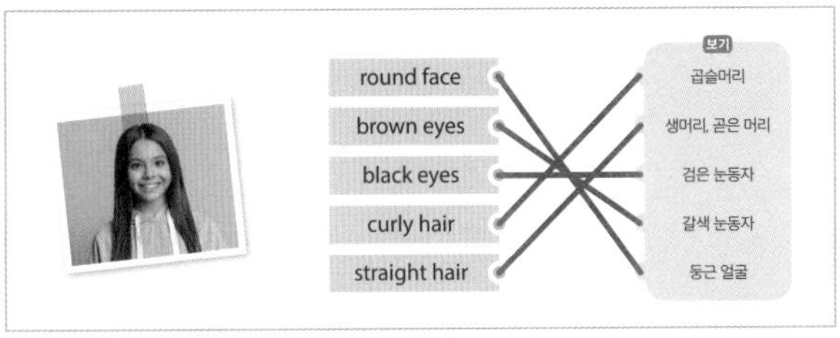

Exercises p.18

A

① 키가 큰 ② 날씬한
③ 건강한, 탄탄한 ④ 갈색 눈동자
⑤ 곱슬머리 ⑥ short
⑦ thin ⑧ round face
⑨ black eyes ⑩ straight hair

B

① She is tall. ② He is short.
③ He is slim. ④ She is thin.
⑤ She has a round face. ⑥ She has brown eyes.
⑦ He has curly hair. ⑧ She has straight hair.

Voca Review Test 1 .... p.19

① 첫 번째의 ② second
③ 세 번째의 ④ 네 번째의
⑤ 다섯 번째의 ⑥ 여섯 번째의
⑦ seventh ⑧ eighth
⑨ ninth ⑩ 열 번째의
⑪ 꽃을 보다 ⑫ plant a tree
⑬ 해변에서 수영하다 ⑭ 서핑하러 가다
⑮ wear sunscreen ⑯ pick apples
⑰ 낙엽을 줍다 ⑱ 눈사람을 만들다
⑲ have a snowball fight ⑳ drink hot chocolate
㉑ tall ㉒ 키가 작은
㉓ 날씬한 ㉔ thin
㉕ fit ㉖ round face
㉗ 갈색 눈동자 ㉘ 검은 눈동자
㉙ 곱슬머리 ㉚ 생머리, 곧은 머리

Voca Review Test 2 .... p.20

① I am in the second grade. ② I am in the third grade.
③ I am on the sixth floor. ④ I am on the eighth floor.
⑤ I plant a tree in spring. ⑥ I go surfing in summer.
⑦ I pick apples in fall ⑧ I build a snowman in winter.
⑨ She is tall. ⑩ She is thin.
⑪ She has a round face. ⑫ He has brown eyes.
⑬ I look at flowers in spring. ⑭ I pick up leaves in fall.
⑮ He has curly hair. ⑯ She has straight hair.

UNIT 07 My Day p.22

snack: It's time for snacks.
homework: It's time for homework.
bath: It's time for a bath.
rest: It's time for rest.
walk: It's time for a walk.

Check!

보기: snack / homework / bath / rest / walk

It's time for a bath.

It's time for homework.

It's time for a walk.

UNIT 08 Food 1 p.23

noodle: Do you want some noodles?
meat: Do you want some meat?
vegetable: Do you want some vegetables?
fruit: Do you want some fruit?
dessert: Do you want some dessert?

Check!

dessert

fruit

noodle

보기: noodle / meat / vegetable / fruit / dessert

Exercises p.24

A

① 간식	② 목욕	③ 산책
④ 고기	⑤ 과일	⑥ homework
⑦ rest	⑧ noodle	⑨ vegetable
⑩ dessert		

B

① It's time for snacks.
② It's time for homework.
③ It's time for a bath.
④ It's time for rest.
⑤ Do you want some noodles?
⑥ Do you want some meat?
⑦ Do you want some vegetables?
⑧ Do you want some dessert?

UNIT 09 Food 2 p.25

beef curry: I'd like to have beef curry.
shrimp burger: I'd like to have a shrimp burger.
egg sandwich: I'd like to have an egg sandwich.
chicken salad: I'd like to have chicken salad.
apple pie: I'd like to have apple pie.

Check!

보기: 소고기 카레 / 새우버거 / 달걀 샌드위치 / 닭고기 샐러드 / 사과 파이

- 소고기 카레 — b e ef c u rry
- 새우버거 — shrim p bur g er
- 달걀 샌드위치 — e gg sandw i ch
- 닭고기 샐러드 — chi c ken s alad
- 사과 파이 — a p ple pi e

UNIT 10 Tastes p.26

delicious: It is delicious.
salty: It is salty.
sour: It is sour.
sweet: It is sweet.
spicy: It is spicy.

Check!

sweet

sour

spicy

salty

보기: salty / sour / sweet / spicy

Exercises p.27

A

① 소고기 카레	② 달걀 샌드위치
③ 사과 파이	④ (맛이) 짠
⑤ 달콤한	⑥ shrimp burger
⑦ chicken salad	⑧ delicious
⑨ sour	⑩ spicy

B

① I'd like to have beef curry.

② I'd like to have a shrimp burger.
③ I'd like to have an egg sandwich.
④ I'd like to have apple pie.
⑤ It is delicious.
⑥ It is sour.
⑦ It is salty.
⑧ It is spicy.

UNIT 11 Feeling p.28

bored: He feels bored.
busy: He feels busy.
mad: He feels mad.
sleepy: He feels sleepy.
thirsty: He feels thirsty.

Check!

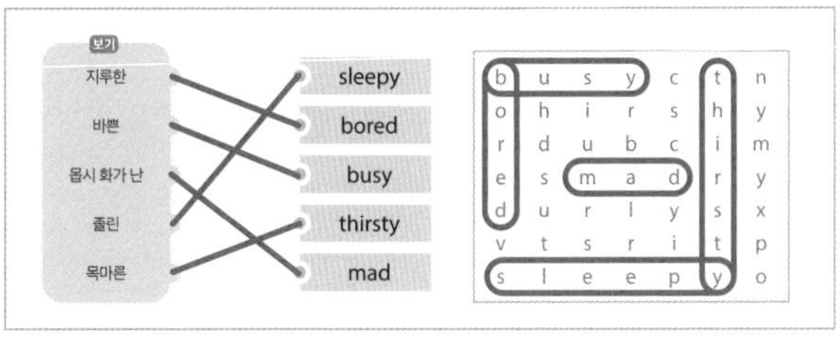

UNIT 12 Meanings 1 .... p.29

fast(빠른): She is fast.
fast(빠르게): She runs fast.
late(늦은): She is late.
late(늦게): She gets up late.
high(높은): It is a high wall.
high(높게): It flies high.

Exercises p.30

A

① 지루한 ② 몹시 화가 난 ③ 목마른
④ 빠른; 빠르게 ⑤ busy ⑥ sleepy
⑦ late ⑧ high

B

① He feels bored. ② He feels busy.
③ He feels thirsty. ④ He feels mad.
⑤ She is fast. ⑥ She runs fast.
⑦ She is late. ⑧ She gets up late.

Voca Review Test 1 .... p.31

① 간식 ② homework
③ 목욕 ④ 휴식
⑤ 산책 ⑥ 국수, 면류
⑦ meat ⑧ vegetable
⑨ fruit ⑩ 후식, 디저트
⑪ 소고기 카레 ⑫ shrimp burger
⑬ 달걀 샌드위치 ⑭ 닭고기 샐러드
⑮ apple pie ⑯ 맛있는
⑰ (맛이) 짠 ⑱ (맛이) 신
⑲ sweet ⑳ spicy
㉑ bored ㉒ 바쁜
㉓ 몹시 화가 난 ㉔ 졸린
㉕ thirsty ㉖ fast
㉗ late ㉘ 높은; 높게

Voca Review Test 2 .... p.32

① It's time for snacks.
② It's time for a walk.
③ Do you want some noodles?
④ Do you want some vegetables?
⑤ I'd like to have beef curry.
⑥ I'd like to have chicken salad.
⑦ It is delicious.
⑧ It is spicy.
⑨ He feels bored.
⑩ He feels mad.
⑪ She is fast.
⑫ She runs fast.
⑬ She is late.
⑭ She gets up late.
⑮ It's time for rest.
⑯ He feels thirsty.

UNIT 13 Countries 1 .... p.34

Korea: I'm from Korea.
The United States: I'm from the United States.
Germany: I'm from Germany.
China: I'm from China.
Japan: I'm from Japan.

Check!

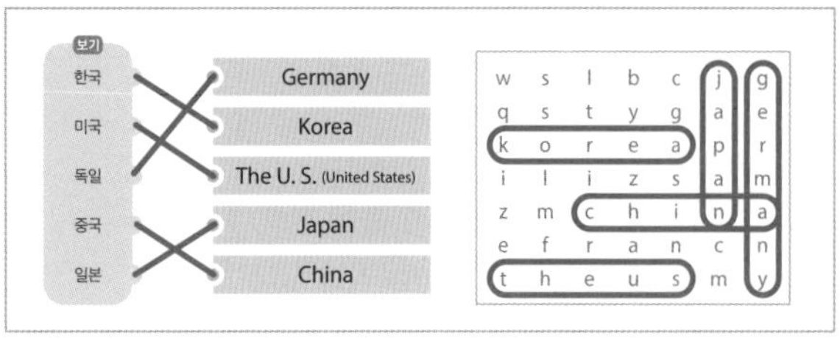

UNIT 14 Countries 2 p.35

Korean: I like Korean food.

American: I like American food.

German: I like German food.

Chinese: I like Chinese food.

Japanese: I like Japanese food.

Check!

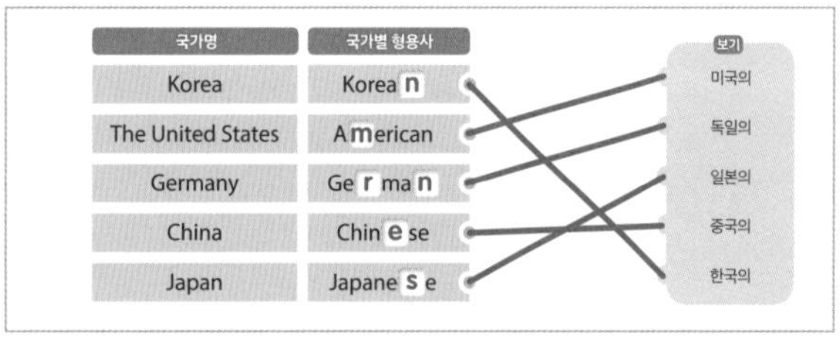

Exercises p.36

A

① 한국 ② 미국 ③ 일본
④ 중국의 ⑤ 독일의 ⑥ Germany
⑦ China ⑧ Korean ⑨ American
⑩ Japanese

B

① I'm from Korea. ② I'm from Germany.
③ I'm from China. ④ I'm from Japan.
⑤ I like Korean food. ⑥ I like American food.
⑦ I like German food. ⑧ I like Japanese food.

UNIT 15 Nature 1 p.37

star: Look at the stars.

rainbow: Look at the rainbow.

sky: Look at the sky.

moon: Look at the moon.

cloud: Look at the cloud.

Check!

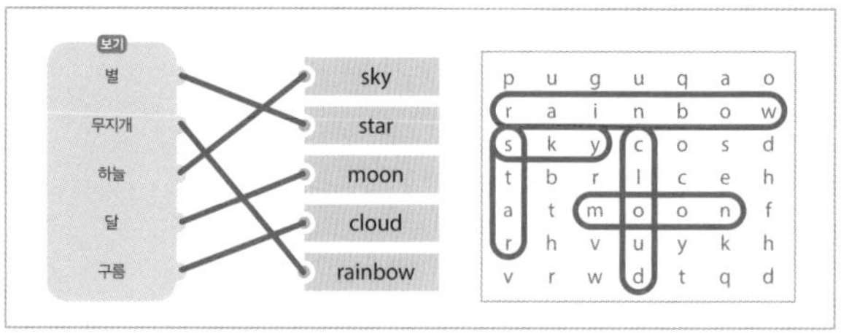

UNIT 16 Nature 2 p.38

bright: It looks bright.

colorful: It looks colorful.

beautiful: It looks beautiful.

peaceful: It looks peaceful.

wonderful: It looks wonderful.

Check!

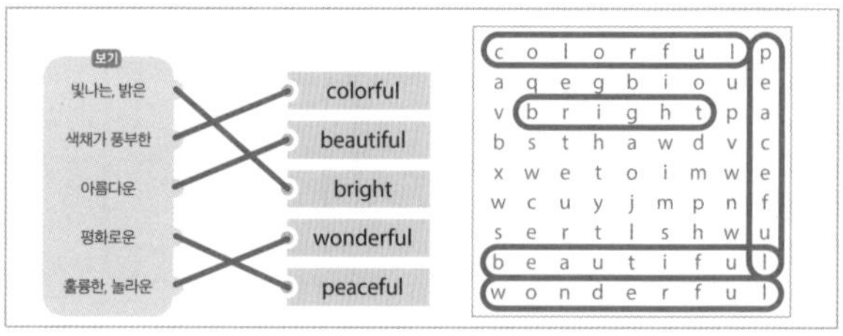

Exercises p.39

A

① 별 ② 하늘 ③ 달
④ 색채가 풍부한 ⑤ 평화로운 ⑥ rainbow
⑦ cloud ⑧ bright ⑨ beautiful
⑩ wonderful

B

① Look at the stars.
② Look at the moon.
③ Look at the cloud.
④ Look at the rainbow.
⑤ It looks bright.
⑥ It looks colorful.
⑦ It looks peaceful.
⑧ It looks wonderful.

UNIT 17 Clothes p.40

coat: Put on your coat.

shorts: Put on your shorts.
pants: Put on your pants.
skirt: Put on your skirt.
pajamas: Put on your pajamas.

Check!

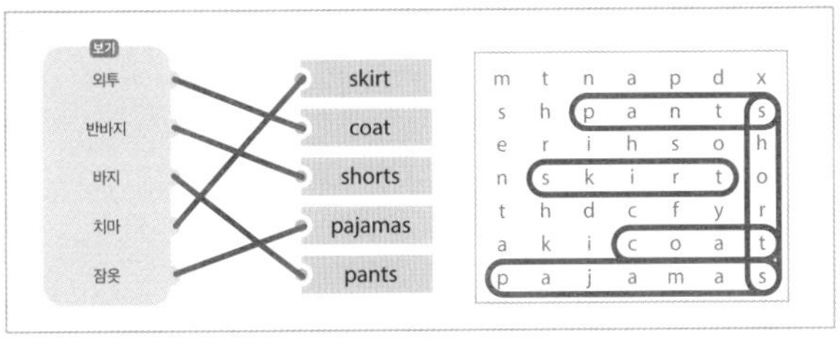

UNIT 18 Subjects p.41

math: My favorite subject is math.
science: My favorite subject is science.
English: My favorite subject is English.
social studies: My favorite subject is social studies.
P. E.: My favorite subject is P. E.

Check!

Exercises p.42

A

① 외투 ② 바지 ③ 치마
④ 과학 ⑤ 사회 ⑥ shorts
⑦ pajamas ⑧ math ⑨ English
⑩ P. E.

B

① Put on your coat.
② Put on your pants.
③ Put on your pajamas.
④ Put on your skirt.
⑤ My favorite subject is math.
⑥ My favorite subject is science.
⑦ My favorite subject is social studies.
⑧ My favorite subject is English.

Voca Review Test 1 p.43

① 한국 ② The United States
③ 독일 ④ 중국
⑤ 일본 ⑥ 한국의
⑦ American ⑧ German
⑨ Chinese ⑩ 일본의
⑪ 별 ⑫ rainbow
⑬ 하늘 ⑭ 달
⑮ cloud ⑯ bright
⑰ 색채가 풍부한 ⑱ 아름다운
⑲ peaceful ⑳ wonderful
㉑ coat ㉒ 반바지
㉓ 바지 ㉔ 치마
㉕ pajamas ㉖ math
㉗ science ㉘ 영어
㉙ 사회 ㉚ 체육

Voca Review Test 2 p.44

① I'm from Korea.
② I'm from the United States.
③ I like German food.
④ I like Chinese food.
⑤ Look at the stars.
⑥ Look at the moon.
⑦ It looks colorful.
⑧ It looks peaceful.
⑨ Put on your coat.
⑩ Put on your shorts.
⑪ My favorite subject is math.
⑫ My favorite subject is social studies.
⑬ I like American food.
⑭ I like Korean food.
⑮ It looks bright.
⑯ It looks beautiful.

UNIT 19 Do it p.46

open the door: Open the door, please.
close the window: Close the window, please.
speak slowly: Speak slowly, please.
wash one's hands: Wash your hands, please.
wear a swimming cap: Wear a swimming cap, please.

Check!

보기: open / close / speak / wash / wear

Open the door, please.

Wear a swimming cap, please.

Wash your hands, please.

UNIT 20 Don't do it p.47

run in the classroom: Don't run in the classroom.
touch it: Don't touch it.
push one's friend: Don't push your friend.
enter here: Don't enter here.
eat food: Don't eat food.

Check!

Don't run in the classroom.

Don't eat food.

Don't enter here.

보기: run / touch / push / enter / eat

Exercises p.48

A

① 문을 열다 ② 손을 씻다
③ 수영 모자를 쓰다 ④ 그것을 만지다
⑤ 여기에 들어오다 ⑥ close the window
⑦ speak slowly ⑧ run in the classroom
⑨ push one's friend ⑩ eat food

B

① Open the door, please.
② Speak slowly, please.
③ Wear a swimming cap, please.
④ Wash your hands, please.
⑤ Don't run in the classroom.
⑥ Don't enter here.
⑦ Don't eat food.
⑧ Don't push your friend.

UNIT 21 Request p.49

take a picture: May I take a picture?
use a pen: May I use a pen?
watch TV: May I watch TV?
bring a dog: May I bring a dog?
go to the restroom: May I go to the restroom?

Check!

보기: 사진을 찍다 / 펜을 사용하다 / TV를 보다 / 개를 데려오다 / 화장실에 가다

go to the restroom
bring a dog
watch TV
use a pen
take a picture

UNIT 22 Hobby 1 p.50

ride a bike: I ride a bike every Tuesday.
make cookies: I make cookies every Tuesday.
play a game: I play a game every Tuesday.
go to the library: I go to the library every Tuesday.
draw a picture: I draw a picture every Tuesday.

Check!

make cookies

play a game

ride a bike

draw a picture

go to the library

보기: ride a bike / make cookies / play a game / go to the library / draw a picture

Exercises p.51

A

① 사진을 찍다 ② TV를 보다
③ 화장실에 가다 ④ 쿠키를 만들다
⑤ 도서관에 가다 ⑥ use a pen
⑦ bring a dog ⑧ ride a bike
⑨ play a game ⑩ draw a picture

B

① May I take a picture?
② May I use a pen?
③ May I watch TV?
④ May I bring a dog?

⑤ I ride a bike every Tuesday.
⑥ I draw a picture every Tuesday.
⑦ I play a game every Tuesday.
⑧ I go to the library every Tuesday.

UNIT 23 Verbs 1 .... p.52

clap: He's clapping.
cough: He's coughing.
cry: He's crying.
laugh: He's laughing.
hop: He's hopping.

Check!

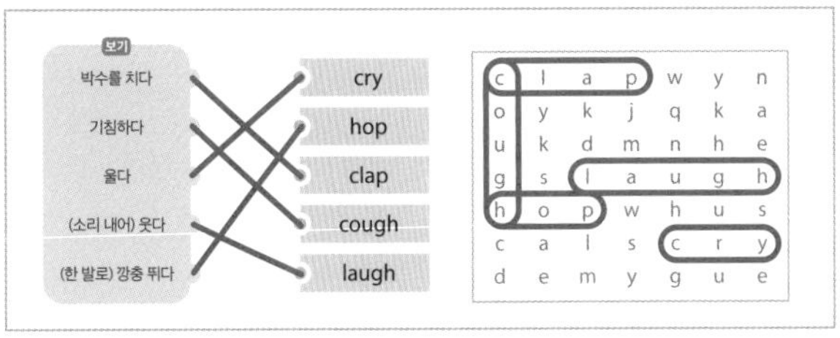

UNIT 24 Opposites 1 .... p.53

teach: I teach math.
learn: I learn math.
give: I give the toy.
take: I take the toy.
work: I work happily.
play: I play happily.

Exercises p.54

A

① 박수를 치다 ② (소리 내어) 웃다 ③ (한 발로) 깡충 뛰다
④ 배우다 ⑤ 가져가다 ⑥ cough
⑦ cry ⑧ teach ⑨ give
⑩ work

B

① He's coughing. ② He's clapping.
③ He's hopping. ④ He's crying.
⑤ I teach math. ⑥ I learn math.
⑦ I give the toy. ⑧ I take the toy.

Voca Review Test 1 .... p.55

① 문을 열다 ② close the window
③ 천천히 말하다 ④ 손을 씻다
⑤ 수영 모자를 쓰다 ⑥ 교실에서 뛰다
⑦ touch it ⑧ push one's friend
⑨ enter here ⑩ 음식을 먹다
⑪ 사진을 찍다 ⑫ use a pen
⑬ TV를 보다 ⑭ 개를 데려오다
⑮ go to the restroom ⑯ 자전거를 타다
⑰ make cookies ⑱ 게임을 하다
⑲ go to the library ⑳ draw a picture
㉑ clap ㉒ 기침하다
㉓ 울다 ㉔ (소리 내어) 웃다
㉕ hop ㉖ teach
㉗ learn ㉘ 주다
㉙ 가져가다 ㉚ 일하다
㉛ 놀다

Voca Review Test 2 .... p.56

① Open the door, please.
② Close the window, please.
③ Don't enter here.
④ Don't eat food.
⑤ May I take a picture?
⑥ May I bring a dog?
⑦ I ride a bike every Tuesday.
⑧ I go to the library every Tuesday.
⑨ He's crying.
⑩ He's laughing.
⑪ I teach math.
⑫ I learn math.
⑬ I give the toy.
⑭ I take the toy.
⑮ I work happily.
⑯ I play happily.

UNIT 25 How Often 1 .... p.58

always: I always have breakfast.
usually: I usually have breakfast.
often: I often have breakfast.
sometimes: I sometimes have breakfast.
never: I never have breakfast.

Check!

보기: 항상 / 보통, 대개 / 자주 / 가끔 / 절대 ~않다

- 항상 — always
- 보통, 대개 — usually
- 자주 — often
- 가끔 — sometimes
- 절대 ~않다 — never

항상	al w ays
보통, 대개	n e ver
자주	usu a ll y
가끔	of t en
절대 ~않다	som et i mes

UNIT 26 How Often 2 p.59

order pizza: How often do you order pizza?
listen to music: How often do you listen to music?
play outside: How often do you play outside?
take a nap: How often do you take a nap?
brush one's teeth: How often do you brush your teeth?

Check!

play outside

listen to music

brush one's teeth

take a nap

보기: order / listen / play / take / brush

Exercises p.60

A

① 항상 ② 자주 ③ 절대 ~않다
④ 낮잠을 자다 ⑤ 음악을 듣다 ⑥ usually
⑦ sometimes ⑧ order pizza ⑨ brush one's teeth
⑩ play outside

B

① I always have breakfast.
② I usually have breakfast.
③ I never have breakfast.
④ I sometimes have breakfast.
⑤ How often do you order pizza?
⑥ How often do you listen to music?
⑦ How often do you take a nap?
⑧ How often do you brush your teeth?

UNIT 27 How Often 3 p.61

once: I cook pasta once a week.
twice: I cook pasta twice a week.
three times: I cook pasta three times a week.
four times: I cook pasta four times a week.
five times: I cook pasta five times a week.

Check!

우리말	영어 표현	
하루에 한 번	one a day	(once a day)
일주일에 두 번	(twice a week)	second a week
한 달에 세 번	three a month	(three times a month)
일 년에 네 번	(four times a year)	fourth times a year

UNIT 28 Verbs 2 p.62

go to the park: We go to the park.
go to a concert: We go to a concert.
go on a picnic: We go on a picnic.
go on a trip: We go on a trip.
go fishing: We go fishing.

Check!

go on a trip

go fishing

go to the park

go to a concert

보기: to the park / to a concert / on a picnic / on a trip / fishing

Exercises p.63

A

① 한 번 ② 세 번
③ 다섯 번 ④ 콘서트에 가다
⑤ 여행을 가다 ⑥ twice
⑦ four times ⑧ go to the park
⑨ go on a picnic ⑩ go fishing

B

① I cook pasta once a week.
② I cook pasta twice a week.
③ I cook pasta three times a week.
④ I cook pasta four times a week.
⑤ We go to the park.
⑥ We go on a picnic.
⑦ We go fishing.
⑧ We go to a concert.

UNIT 29 Opposites 2 .... p.64

boring: It is boring.
interesting: It is interesting.
easy: It is easy.
difficult: It is difficult.
cheap: It is cheap.
expensive: It is expensive.

UNIT 30 Meanings 2 .... p.65

right(옳은): She is right.
right(오른쪽의): It is on the right side.
light(밝은): The color is light.
light(가벼운): It is light.
full(가득 찬): The bag was full of toys.
full(배부른): I am full.
hard(열심히 하는): He is a hard worker.
hard(딱딱한): It is a hard sofa.

Exercises p.66

A

① 지루한 ② 쉬운 ③ (값이) 싼
④ 옳은, 오른쪽의 ⑤ 가득 찬, 배부른 ⑥ interesting
⑦ difficult ⑧ expensive ⑨ light
⑩ hard

B

① It is boring. ② It is interesting.
③ It is easy. ④ It is difficult.
⑤ She is right. ⑥ I am full.
⑦ It is light. ⑧ The color is light.

Voca **Review** Test 1 .... p.67

① 항상 ② usually
③ 자주 ④ 가끔
⑤ 절대 ~ 않다 ⑥ 피자를 주문하다
⑦ listen to music ⑧ play outside
⑨ take a nap ⑩ 이를 닦다
⑪ 한 번 ⑫ twice
⑬ 세 번 ⑭ 네 번
⑮ five times ⑯ go to the park
⑰ 콘서트에 가다 ⑱ 소풍을 가다
⑲ go on a trip ⑳ go fishing
㉑ boring ㉒ 재미있는
㉓ 쉬운 ㉔ 어려운
㉕ cheap ㉖ expensive
㉗ right ㉘ 밝은, 가벼운
㉙ 가득 찬, 배부른 ㉚ 열심히 하는, 딱딱한

Voca **Review** Test 2 .... p.68

① I always have breakfast.
② I never have breakfast.
③ How often do you listen to music?
④ How often do you take a nap?
⑤ I cook pasta twice a week.
⑥ I cook pasta four times a week.
⑦ We go on a picnic.
⑧ We go on a trip.
⑨ It is boring.
⑩ It is interesting.
⑪ She is right.
⑫ It is on the right side.
⑬ I am full.
⑭ The bag was full of toys.
⑮ How often do you order pizza?
⑯ How often do you brush your teeth?

UNIT 31 Location p.70

on: The cat is on the box.
in: The cat is in the box.
under: The cat is under the box.
in front of: The cat is in front of the box.
next to: The cat is next to the box.

Check!

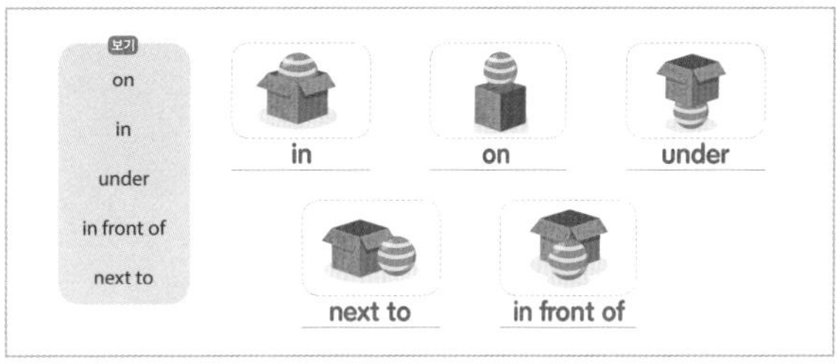

UNIT 32 Time p.71

o'clock: It is three o'clock.
past: It is five past three.
quarter: It is quarter past three.
half: It is half past three.
to: It is five to three.

Check!

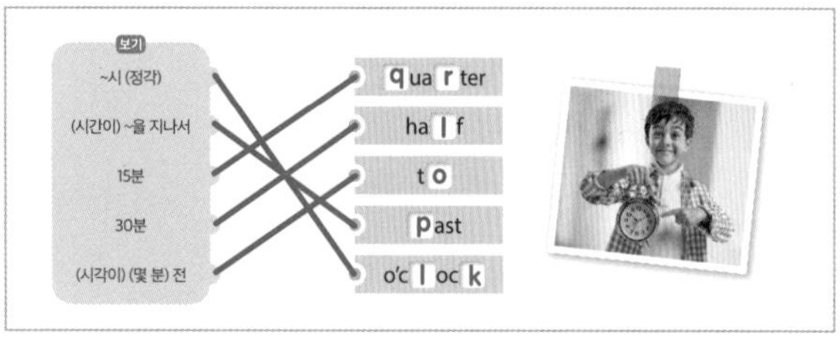

Exercises p.72

A

① ~ 위에 ② ~ 아래에
③ ~ 옆에 ④ (시간이) ~을 지나서
⑤ (시각이) (몇 분) 전 ⑥ in
⑦ in front of ⑧ o'clock
⑨ half ⑩ quarter

B

① The cat is on the box.
② The cat is in the box.
③ The cat is under the box
④ The cat is next to the box.
⑤ It is three o'clock.
⑥ It is half past three.
⑦ It is five to three.
⑧ It is quarter past three.

UNIT 33 Verbs 3 p.73

get it: Did you get it?
get a job: Did you get a job?
get a text: Did you get a text?
get home: Did you get home?
get on the bus: Did you get on the bus?

Check!

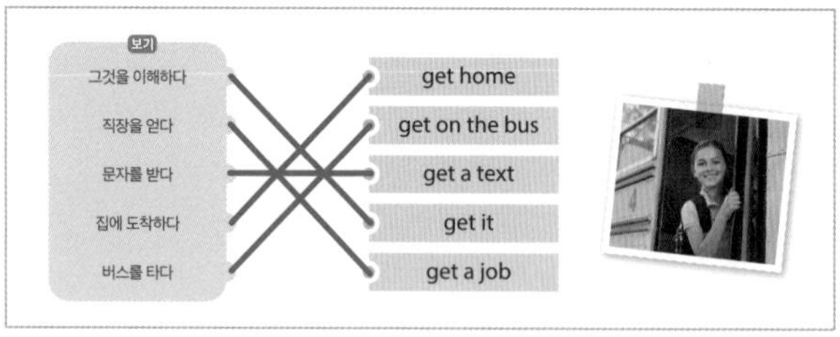

UNIT 34 Verbs 4 p.74

look: It looks good.
feel: It feels good.
taste: It tastes good.
smell: It smells good.
sound: It sounds good.

Check!

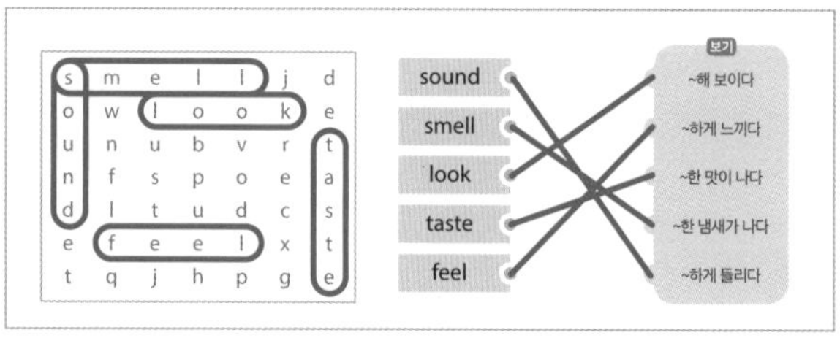

Exercises p.75

A

① 그것을 이해하다 ② 문자를 받다 ③ 버스를 타다
④ ~하게 느끼다 ⑤ ~한 맛이 나다 ⑥ get a job
⑦ get home ⑧ look ⑨ sound
⑩ smell

B

① Did you get it? ② Did you get home?
③ Did you get a text? ④ Did you get on the bus?
⑤ It looks good. ⑥ It smells good.
⑦ It feels good. ⑧ It sounds good.

UNIT 35 People 1 p.76

baker: He is a baker.
reader: He is a reader.
painter: He is a painter.
sailor: He is a sailor.
actor: He is an actor.

Check!

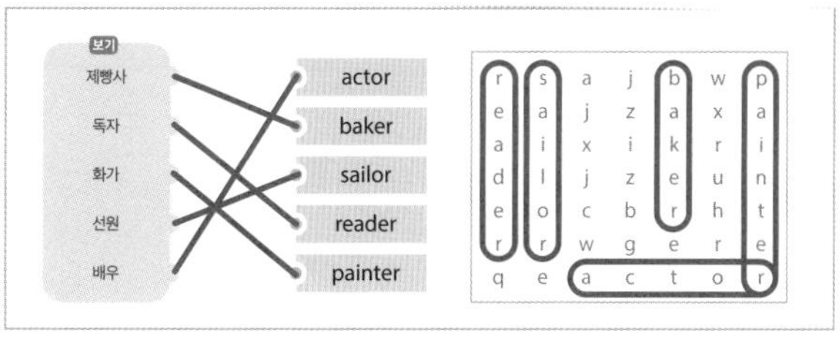

UNIT 36 People 2 p.77

scientist: She is a scientist.
pianist: She is a pianist.
artist: She is an artist.
dentist: She is a dentist.
tourist: She is a tourist.

Check!

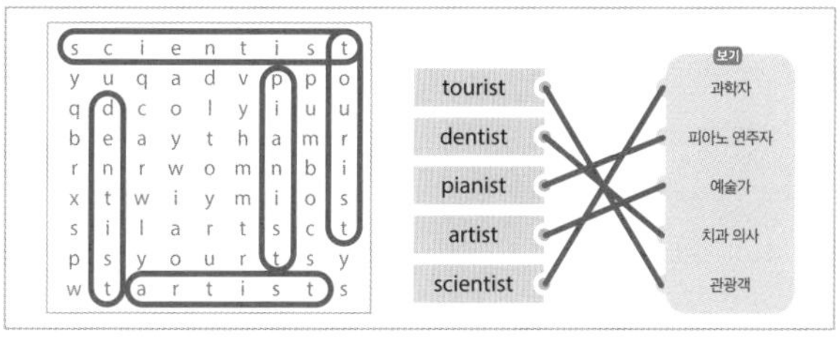

Exercises p.78

A

① 제빵사 ② 화가 ③ 배우
④ 피아노 연주자 ⑤ 치과 의사 ⑥ reader
⑦ sailor ⑧ scientist ⑨ artist
⑩ tourist

B

① He is a baker. ② He is a sailor.
③ He is a painter. ④ He is an actor.
⑤ She is a scientist. ⑥ She is a dentist.
⑦ She is a tourist. ⑧ She is an artist.

Voca Review Test 1 p.79

① ~ 위에 ② in
③ ~ 아래에 ④ ~ 앞에
⑤ ~ 옆에 ⑥ ~시 (정각)
⑦ past ⑧ quarter
⑨ half ⑩ (시각이) (몇 분) 전
⑪ 그것을 이해하다 ⑫ get a job
⑬ 문자를 받다 ⑭ 집에 도착하다
⑮ get on the bus ⑯ look
⑰ ~하게 느끼다 ⑱ ~한 맛이 나다
⑲ smell ⑳ sound
㉑ baker ㉒ 독자
㉓ 화가 ㉔ 선원
㉕ actor ㉖ scientist
㉗ pianist ㉘ 예술가
㉙ 치과 의사 ㉚ 관광객

Voca Review Test 2 p.80

① The cat is on the box. ② The cat is under the box.
③ It is three o'clock. ④ It is quarter past three.
⑤ Did you get a text? ⑥ Did you get home?
⑦ It looks good. ⑧ It sounds good.
⑨ He is a reader. ⑩ He is a sailor.
⑪ She is a scientist. ⑫ She is a tourist.
⑬ It is five to three. ⑭ It is half past three.
⑮ He is a painter. ⑯ She is an artist.

UNIT 37 Verbs 5 p.82

fill: They fill it.
practice: They practice it.
grow: They grow it.
draw: They draw it.
water: They water it.

Check!

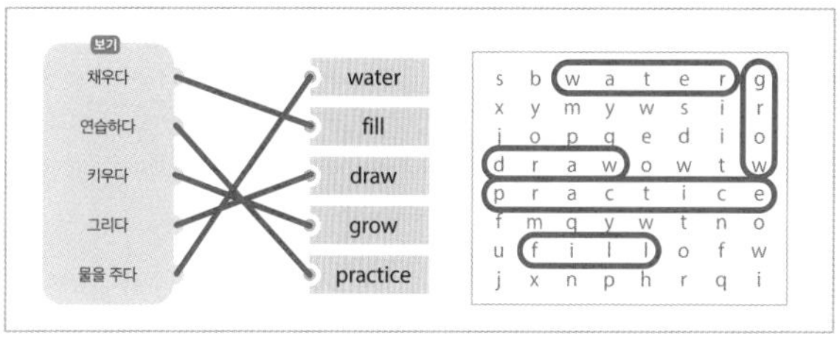

UNIT 38 Future p.83

fill the cup: I will fill the cup.
practice the guitar: I will practice the guitar.
grow onions: I will grow onions.
draw a map: I will draw a map.
water plants: I will water plants.

Check!

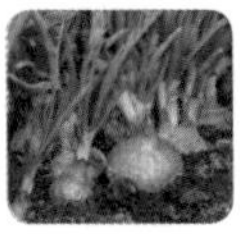

grow onions | water plants | draw a map

보기: fill the cup / practice the guitar / grow onions / draw a map / water plants

Exercises p.84

A

① 채우다 ② 키우다 ③ 물을 주다
④ 기타를 연습하다 ⑤ 지도를 그리다 ⑥ practice
⑦ draw ⑧ fill the cup ⑨ grow onions
⑩ water plants

B

① They fill it. ② They draw it.
③ They grow it. ④ They water it.
⑤ I will fill the cup. ⑥ I will draw a map.
⑦ I will grow onions. ⑧ I will water plants.

UNIT 39 Places p.85

museum: I went to the museum.
beach: I went to the beach.
farm: I went to the farm.
market: I went to the market.
zoo: I went to the zoo.

Check!

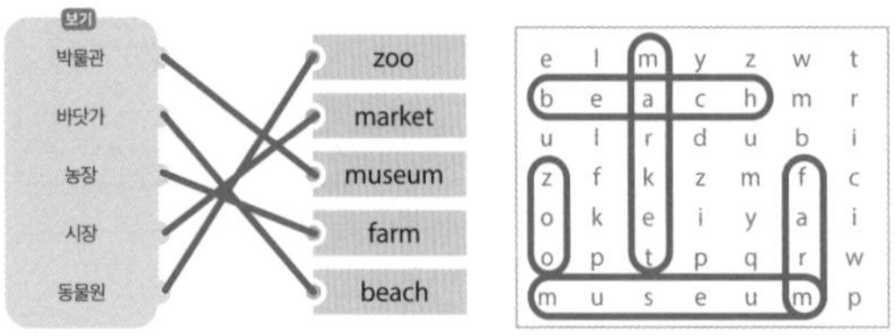

UNIT 40 Comparative p.86

taller: He is taller than Matt.
stronger: He is stronger than Matt.
faster: He is faster than Matt.
slower: He is slower than Matt.
younger: He is younger than Matt.

Check!

slower | stronger | younger

보기: taller / stronger / faster / slower / younger

Exercises p.87

A

① 박물관 ② 농장 ③ 동물원
④ 힘이 더 센 ⑤ 더 느린 ⑥ beach
⑦ market ⑧ taller ⑨ faster
⑩ younger

B

① I went to the museum.
② I went to the zoo.
③ I went to the market.
④ I went to the farm.
⑤ He is taller than Matt.
⑥ He is stronger than Matt.
⑦ He is younger than Matt.
⑧ He is faster than Matt.

UNIT 41 Opposites 3 p.88

UNIT 42 Opposites 4 p.89

Exercises p.90

A

① 유용한, 쓸모 있는 | useful ② 소용없는, 쓸모없는 | useless
③ 강력한 | powerful ④ 힘이 없는 | powerless
⑤ 도움이 되는 | helpful ⑥ 도움이 없는 | helpless
⑦ 유해한 | harmful ⑧ 무해한 | harmless
⑨ 앉다 | sit ⑩ 일어서다 | stand
⑪ 빌리다 | borrow ⑫ 빌려주다 | lend
⑬ 이기다 | win ⑭ 지다 | lose
⑮ 살다 | live ⑯ 죽다 | die

Voca Review Test 1 .... p.91

① 채우다
② practice
③ 키우다
④ 그리다
⑤ 물을 주다
⑥ 컵을 채우다
⑦ practice the guitar
⑧ 양파를 키우다
⑨ draw a map
⑩ 식물에 물을 주다
⑪ 박물관
⑫ beach
⑬ 농장
⑭ 시장
⑮ zoo
⑯ taller
⑰ 힘이 더 센
⑱ 더 빠른
⑲ slower
⑳ younger
㉑ useful
㉒ 소용없는, 쓸모없는
㉓ 강력한
㉔ 힘이 없는
㉕ helpful
㉖ helpless
㉗ harmful
㉘ 무해한
㉙ 앉다
㉚ stand
㉛ borrow
㉜ 빌려주다
㉝ win
㉞ 지다
㉟ 살다
㊱ 죽다

Voca Review Test 2 .... p.92

① They fill it.
② They grow it.
③ I will practice the guitar.
④ I will grow onions.
⑤ I went to the museum.
⑥ I went to the beach.
⑦ He is taller than Matt.
⑧ He is stronger than Matt.
⑨ They draw it.
⑩ I will water plants.
⑪ I went to the zoo.
⑫ He is younger than Matt.

UNIT 43 Materials p.94

stone: Is this stone?
glass: Is this glass?
wood: Is this wood?
rubber: Is this rubber?
metal: Is this metal?

Check!

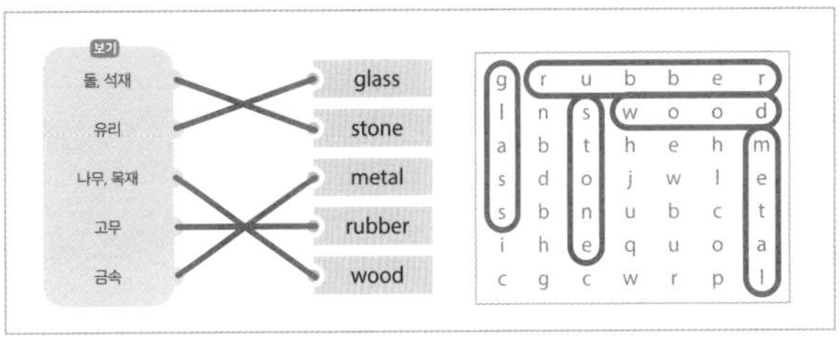

UNIT 44 Sense of Touch p.95

soft: It feels soft.
rough: It feels rough.
smooth: It feels smooth.
sharp: It feels sharp.
cold: It feels cold.

Check!

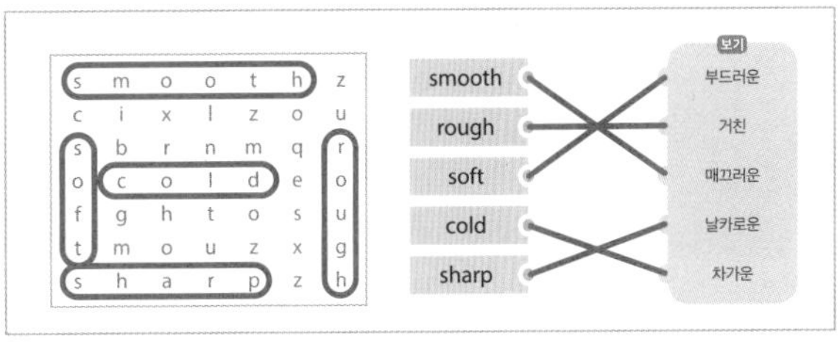

Exercises p.96

A

① 돌, 석재
② 유리
③ 금속
④ 거친
⑤ 날카로운
⑥ wood
⑦ rubber
⑧ soft
⑨ smooth
⑩ cold

B

① Is this stone?
② Is this glass?
③ Is this rubber?
④ Is this metal?
⑤ It feels soft.
⑥ It feels rough.
⑦ It feels smooth.
⑧ It feels sharp.

UNIT 45 Wish p.97

travel abroad: I want to travel abroad.
get a 100: I want to get a 100.
pass the exam: I want to pass the exam.
help people: I want to help people.
be a photographer: I want to be a photographer.

Check!

보기

해외여행을 하다
100점을 받다
그 시험을 통과하다
사람들을 돕다
사진사가 되다

pass the exam
be a photographer
travel abroad
help people
get a 100

UNIT 46 Hobby 2 .... p.98

jump rope: I enjoy jumping rope.
ride a swing: I enjoy riding a swing.
plant flowers: I enjoy planting flowers.
collect leaves: I enjoy collecting leaves.
play soccer: I enjoy playing soccer.

Check!

jump rope
ride a swing
plant flowers
collect leaves
play soccer

보기

꽃들을 심다
축구를 하다
줄넘기를 하다
그네를 타다
잎들을 모으다

Exercises p.99

A

① 해외여행을 하다 ② 사람들을 돕다
③ 시험을 통과하다 ④ 그네를 타다
⑤ 잎을 모으다 ⑥ get a 100
⑦ be a photographer ⑧ jump rope
⑨ play soccer ⑩ plant flowers

B

① I want to travel abroad.
② I want to pass the exam.
③ I want to be a photographer.
④ I want to help people.
⑤ I enjoy planting flowers.
⑥ I enjoy jumping rope.
⑦ I enjoy riding a swing.
⑧ I enjoy playing soccer.

UNIT 47 Events p.100

graduation: Would you come to my graduation?
birthday party: Would you come to my birthday party?
talent show: Would you come to the talent show?
movie festival: Would you come to the movie festival?
sports day: Would you come to our sports day?

Check!

보기

졸업식
생일 파티
장기 자랑
영화 축제
체육 대회

sports day
talent show
graduation
birthday party
movie festival

UNIT 48 Plans p.101

pay: I'm going to pay them.
carry: I'm going to carry them.
feed: I'm going to feed them.
build: I'm going to build them.
meet: I'm going to meet them.

Check!

b	d	l	z	r	d	g
u	p	u	v	g	l	v
i	c	a	r	r	y	p
l	t	v	a	w	u	a
d	v	m	p	c	b	y
q	f	e	e	d	o	v
g	i	m	e	e	t	d

build
pay
feed
meet
carry

보기

(돈을) 지불하다
운반하다
먹이를 주다
만들어 내다
만나다

Exercises p.102

A

① 졸업식 ② 장기 자랑
③ 체육 대회 ④ 운반하다
⑤ 만들어 내다 ⑥ birthday party
⑦ movie festival ⑧ pay
⑨ meet ⑩ feed

B

① Would you come to my graduation?
② Would you come to my birthday party?
③ Would you come to our sports day?
④ Would you come to the talent show?

⑤ I'm going to pay them.
⑥ I'm going to meet them.
⑦ I'm going to feed them.
⑧ I'm going to carry them.

Voca **Review** Test 1 .... p.103

① 돌, 석재	② glass
③ 나무, 목재	④ 고무
⑤ 금속	⑥ 부드러운
⑦ rough	⑧ smooth
⑨ sharp	⑩ 차가운
⑪ 해외여행을 하다	⑫ get a 100
⑬ 시험을 통과하다	⑭ 사람들을 돕다
⑮ be a photographer	⑯ jump rope
⑰ 그네를 타다	⑱ 꽃을 심다
⑲ collect leaves	⑳ play soccer
㉑ graduation	㉒ 생일 파티
㉓ 장기 자랑	㉔ 영화 축제
㉕ sports day	㉖ pay
㉗ carry	㉘ 먹이를 주다
㉙ 만들어 내다	㉚ 만나다

Voca **Review** Test 2 .... p.104

① Is this rubber?
② Is this metal?
③ It feels rough.
④ It feels sharp.
⑤ I want to travel abroad.
⑥ I want to pass the exam.
⑦ I enjoy jumping rope.
⑧ I enjoy planting flowers.
⑨ Would you come to my graduation?
⑩ Would you come to the talent show?
⑪ I'm going to pay them.
⑫ I'm going to meet them.
⑬ I enjoy riding a swing.
⑭ I enjoy playing soccer.
⑮ I'm going to carry them.
⑯ I'm going to feed them.

UNIT 49 Past 1 .... p.106

join: join, joined
stay: stay, stayed
go: go, went
fall: fall, fell
do: do, did

Check!

보기: joined / stayed / went / fell / did

go → **went**
fall → **fell**
do → **did**
join → **joined**
stay → **stayed**

UNIT 50 Past 2 .... p.107

join a book club: I joined a book club yesterday.
stay in bed: I stayed in bed yesterday.
go hiking: I went hiking yesterday.
fall into a hole: I fell into a hole yesterday.
do ballet: I did ballet yesterday.

Check!

I **stayed** in bed yesterday.

I **fell** into a hole yesterday.

I **did** ballet yesterday.

I **went** hiking yesterday.

보기: joined / stayed / went / fell / did

Exercises p.108

A

① 가입하다, 연결하다	② 가다
③ (행동을) 하다	④ 계속 침대에 있다
⑤ 등산하러 가다	⑥ stay
⑦ fall	⑧ join a book club
⑨ fall into a hole	⑩ do ballet

B

① I joined a book club yesterday.
② I went hiking yesterday.
③ I stayed in bed yesterday.
④ I fell into a hole yesterday.
⑤ I did ballet yesterday.

UNIT 51 Feelings p.109

upset: Why are you upset?
proud: Why are you proud?
annoyed: Why are you annoyed?
excited: Why are you excited?
worried: Why are you worried?

Check!

보기
속상한
자랑스러워하는
짜증이 난
신이 난
걱정하는

annoyed
upset
proud
excited
worried

a	s	p	v	e	y	w
n	w	r	p	x	z	o
n	t	o	e	c	l	r
o	i	u	w	i	e	r
y	x	d	s	t	u	i
e	u	p	s	e	t	e
d	m	n	o	d	e	d

UNIT 52 Reason p.110

break one's leg: Because I broke my leg.
score a goal: Because I scored a goal.
lose one's dog: Because I lost my dog.
win a game: Because I won a game.
say goodbye: Because I said goodbye.

Check!

win	score	lose	say
a game	a goal	one's dog	goodbye

보기
break
score
lose
win
say

Exercises p.111

A

① 속상한 ② 짜증이 난
③ 걱정하는 ④ 골을 넣다
⑤ 경기를 이기다 ⑥ proud
⑦ excited ⑧ break one's leg
⑨ lose one's dog ⑩ say goodbye

B

① Why are you upset?
② Why are you excited?
③ Why are you worried?
④ Why are you proud?
⑤ Because I broke my leg.
⑥ Because I won a game.
⑦ Because I said goodbye.
⑧ Because I lost my dog.

UNIT 53 Opposites 5 p.112

UNIT 54 Opposites 6 p.113

Exercises p.114

A

① 사다 ② 시작하다 ③ (돈을) 모으다
④ 보여 주다 ⑤ sell ⑥ finish
⑦ spend ⑧ hide

B

take off | turn off | pick up | put on

throw away | get out | turn on | get in

Voca Review Test 1 p.115

① 가입하다, 연결하다 ② stay
③ 가다 ④ 떨어지다
⑤ (행동을) 하다 ⑥ 독서 모임에 가입하다
⑦ stay in bed ⑧ go hiking
⑨ fall into a hole ⑩ 발레를 하다
⑪ 속상한 ⑫ proud
⑬ 짜증이 난 ⑭ 신이 난
⑮ worried ⑯ 다리가 부러지다
⑰ 골을 넣다 ⑱ 개를 잃어버리다
⑲ win a game ⑳ say goodbye
㉑ turn on ㉒ (전기·가스 등을) 끄다
㉓ 입다 ㉔ 벗다
㉕ get in ㉖ get out

㉗ pick up
㉘ 버리다
㉙ 사다
㉚ 팔다
㉛ start
㉜ 끝내다
㉝ (돈을) 모으다
㉞ spend
㉟ show
㊱ hide

Voca Review Test 2 p.116

① I joined a book club yesterday.
② I stayed in bed yesterday.
③ Why are you excited?
④ Why are you worried?
⑤ Because I scored a goal.
⑥ Because I lost my dog.
⑦ I fell into a hole yesterday.
⑧ I did ballet yesterday.
⑨ Why are you proud?
⑩ Why are you annoyed?
⑪ Because I won a game.
⑫ Because I said goodbye.

UNIT 55 Illness p.118

cough: I have a cough.
flu: I have the flu.
stomachache: I have a stomachache.
sore throat: I have a sore throat.
runny nose: I have a runny nose.

Check!

보기
기침
독감
복통
인후염
콧물

flu
cough
runny nose
stomachache
sore throat

UNIT 56 Health p.119

get some rest: You should get some rest.
take some medicine: You should take some medicine.
wear a mask: You should wear a mask.
drink warm water: You should drink warm water.
go to a doctor: You should go to a doctor.

Check!

Wear a mask
drink warm water
get some rest
take some medicine
go to a doctor

보기
휴식을 좀 취하다
약을 좀 복용하다
마스크를 쓰다
따뜻한 물을 마시다
병원에 가다

Exercises p.120

A

① 기침
② 복통
③ 콧물
④ 마스크를 쓰다
⑤ 따뜻한 물을 마시다
⑥ flu
⑦ sore throat
⑧ get some rest
⑨ take some medicine
⑩ go to a doctor

B

① I have a cough.
② I have a stomachache.
③ I have a sore throat.
④ I have a runny nose.
⑤ You should get some rest.
⑥ You should take some medicine.
⑦ You should wear a mask.
⑧ You should go to a doctor.

UNIT 57 Environment 1 p.121

global warming: It's about global warming.
air pollution: It's about air pollution.
water pollution: It's about water pollution.
noise pollution: It's about noise pollution.
plastic pollution: It's about plastic pollution.

Check!

보기
지구 온난화
공기 오염
수질 오염
소음 공해
플라스틱 오염

water pollution
plastic pollution
noise pollution
global warming
air pollution

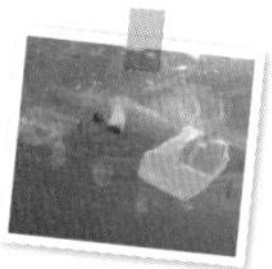

UNIT 58 Environment 2 p.122

save energy: We should save energy.
use a personal cup: We should use a personal cup.
turn off the light: We should turn off the light.
reuse bottles: We should reuse bottles.
recycle paper: We should recycle paper.

Check!

		보기
tur n off the ligh t		에너지를 아껴 쓰다
U se a per s onal cup		개인 컵 사용하다
sa v e ene r gy		전등을 끄다
rec y cle pa p er		병을 재사용하다
r euse bot t les		종이를 재활용하다

Exercises p.123

A

① 지구 온난화 ② 수질 오염
③ 플라스틱 오염 ④ 전등을 끄다
⑤ 병을 재사용하다 ⑥ air pollution
⑦ noise pollution ⑧ save energy
⑨ use a personal cup ⑩ recycle paper

B

① It's about global warming.
② It's about water pollution.
③ It's about noise pollution.
④ It's about air pollution.
⑤ We should save energy.
⑥ We should reuse bottles.
⑦ We should turn off the light.
⑧ We should recycle paper.

UNIT 59 Daily Life 1 p.124

wash the dishes: He is washing the dishes.
clean the room: He is cleaning the room.
make dinner: He is making dinner.
draw a picture: He is drawing a picture.
cut paper: He is cutting paper.

Check!

보기		
wash		draw a picture 그림을 그리다
clean		clean the room 방을 청소하다
make		cut paper 종이를 자르다
draw		wash the dishes 설거지를 하다
cut		make dinner 저녁을 만들다

UNIT 60 Daily Life 2 p.125

talk on the phone: He was talking on the phone.
cross the street: He was crossing the street.
take care of one's dog: He was taking care of his dog.
play the piano: He was playing the piano.
fix the glasses: He was fixing the glasses.

Check!

		보기
take care of one's dog		전화 통화를 하다
talk on the phone		길을 건너다
fix the glasses		개를 돌보다
play the piano		피아노를 치다
cross the street		안경을 고치다

Exercises p.126

A

① 설거지를 하다 ② 저녁을 만들다
③ 그림을 그리다 ④ 길을 건너다
⑤ 피아노를 치다 ⑥ clean the room
⑦ cut paper ⑧ talk on the phone
⑨ take care of one's dog ⑩ fix the glasses

B

① He is washing the dishes.
② He is cutting paper.
③ He is making dinner.
④ He is cleaning the room.
⑤ He was talking on the phone.
⑥ He was crossing the street.
⑦ He was fixing the glasses.
⑧ He was taking care of his dog.

Voca Review Test 1 p.127

① 기침
② flu
③ 복통
④ 인후염
⑤ 콧물
⑥ 휴식을 좀 취하다
⑦ take some medicine
⑧ wear a mask
⑨ drink warm water
⑩ 병원에 가다
⑪ 지구 온난화
⑫ air pollution
⑬ 수질 오염
⑭ 소음 공해
⑮ plastic pollution
⑯ save energy
⑰ 개인 컵을 사용하다
⑱ 전등을 끄다
⑲ reuse bottles
⑳ recycle paper
㉑ wash the dishes
㉒ 방을 청소하다
㉓ 저녁을 만들다
㉔ 그림을 그리다
㉕ cut paper
㉖ talk on the phone
㉗ cross the street
㉘ 개를 돌보다
㉙ 피아노를 치다
㉚ 안경을 고치다

Voca Review Test 2 p.128

① I have a cough.
② I have a runny nose.
③ You should get some rest.
④ You should wear a mask.
⑤ It's about global warming.
⑥ It's about air pollution.
⑦ We should save energy.
⑧ We should reuse bottles.
⑨ He is washing the dishes.
⑩ He is cutting paper.
⑪ He was talking on the phone.
⑫ He was playing the piano.
⑬ He was fixing the glasses.
⑭ He is cleaning the room.
⑮ He is making dinner.
⑯ He is drawing a picture.

UNIT 61 Environment 3 p.130

use the stairs: Why don't you use the stairs?
ride a bike: Why don't you ride a bike?
pick up the trash: Why don't you pick up the trash?
use a cloth bag: Why don't you use a cloth bag?
clean a park: Why don't you clean a park?

Check!

보기
use the stairs
ride a bike
pick up the trash
use a cloth bag
clean a park

clean a park

pick up the trash

use the stairs

UNIT 62 Safety p.131

wear a helmet: Don't forget to wear a helmet.
look left and right: Don't forget to look left and right.
stop at the red light: Don't forget to stop at the red light.
use the crosswalk: Don't forget to use the crosswalk.
slow down the speed: Don't forget to slow down the speed.

Check!

use the crosswalk

stop at the red light

wear a helmet

slow down the speed

보기
wear
look
stop
use
slow

Exercises p.132

A

① 계단을 이용하다
② 쓰레기를 줍다
③ 공원을 청소하다
④ 좌우를 살피다
⑤ 횡단보도를 이용하다
⑥ ride a bike
⑦ use a cloth bag
⑧ wear a helmet
⑨ stop at the red light
⑩ slow down the speed

B

① Why don't you use the stairs?
② Why don't you pick up the trash?
③ Why don't you ride a bike?
④ Why don't you use a cloth bag?
⑤ Don't forget to wear a helmet.
⑥ Don't forget to use the crosswalk.
⑦ Don't forget to look left and right.
⑧ Don't forget to stop at the red light.

UNIT 63 Jobs p.133

musician: I want to be a musician.
writer: I want to be a writer.
poet: I want to be a poet.
flight attendant: I want to be a flight attendant.
car engineer: I want to be a car engineer.

Check!

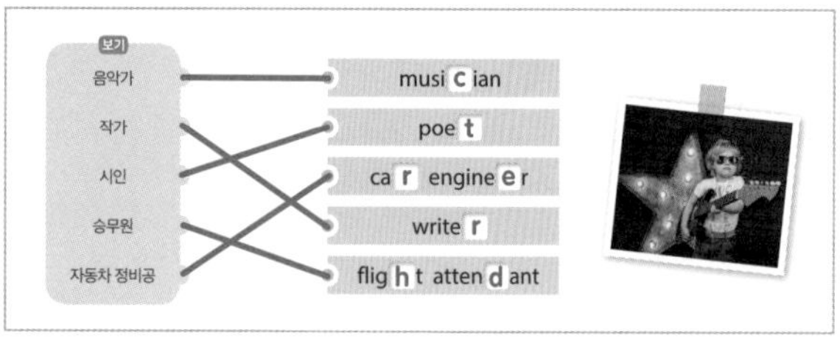

UNIT 64 Meanings 3 .... p.134

Exercises p.135

A

① 음악가
② 작가
③ 자동차 정비공
④ 좋아하다; ~와 비슷한
⑤ (손·팔을) 흔들다; 파도
⑥ flight attendant
⑦ poet
⑧ break
⑨ dress

B

① I want to be a musician.
② I want to be a writer.
③ I want to be a flight attendant.
④ I want to be a poet.
⑤ I want to be a car engineer.

UNIT 65 Meanings 4 .... p.136

UNIT 66 Opposites 7 .... p.137

Exercises p.138

A

① 믿다 | trust
② 믿다 | believe
③ 끌다 | pull
④ 끌다 | drag
⑤ 모으다 | gather
⑥ 모으다 | collect
⑦ 전달하다 | deliver
⑧ 전달하다 | carry
⑨ 잠들지 않은 | awake
⑩ 잠이 든 | asleep
⑪ 가까운 | near
⑫ 먼 | far
⑬ 어두운 | dark
⑭ (날·빛이) 밝은 | light
⑮ 곧은, 똑바른 | straight
⑯ 구불구불한 | curvy

Voca Review Test 1 .... p.139

① 계단을 이용하다
② ride a bike
③ 쓰레기를 줍다
④ 천 가방을 사용하다
⑤ 공원을 청소하다
⑥ 헬멧을 쓰다
⑦ look left and right
⑧ 빨간불에 멈추다
⑨ use the crosswalk
⑩ 속도를 줄이다
⑪ 음악가
⑫ writer
⑬ 시인
⑭ 승무원
⑮ car engineer
⑯ like
⑰ 옷을 입다; 옷
⑱ break
⑲ (손·팔을) 흔들다; 파도
⑳ trust, believe
㉑ pull, drag
㉒ 모으다
㉓ 모으다
㉔ 전달하다
㉕ 전달하다
㉖ 잠들지 않은
㉗ asleep
㉘ near
㉙ far
㉚ 어두운
㉛ (날·빛이) 밝은
㉜ 곧은, 똑바른
㉝ 구불구불한

Voca Review Test 2 .... p.140

① Why don't you use the stairs?
② Why don't you ride a bike?
③ Don't forget to look left and right.
④ Don't forget to stop at the red light.
⑤ I want to be a musician.
⑥ I want to be a writer.
⑦ Why don't you use a cloth bag?
⑧ Why don't you clean a park?
⑨ Don't forget to use the crosswalk.
⑩ Don't forget to slow down the speed.
⑪ I want to be a flight attendant.
⑫ I want to be a car engineer.

Workbook 정답

UNIT 01~04 p.142

UNIT 01

첫 번째의 | fi**r**st
두 번째의 | sec**o**nd
세 번째의 | thir**d**
네 번째의 | **f**ourth
다섯 번째의 | f**i**fth

UNIT 02

여섯 번째의 | sixt**h**
일곱 번째의 | seve**n**th
여덟 번째의 | e**i**ghth
아홉 번째의 | ni**n**th
열 번째의 | ten**t**h

UNIT 03

see **flowers**
나무를 심다
swim at the beach
go **surfing**
자외선 차단제를 바르다

UNIT 04

pick apples
pick up **leaves**
눈사람을 만들다
눈싸움을 하다
drink hot chocolate

UNIT 05~08 p.143

UNIT 05

키가 큰 | tal**l**
키가 작은 | s**h**ort
날씬한 | sl**i**m
마른 | **t**hin
건강한, 탄탄한 | f**i**t

UNIT 06

round face
갈색 눈동자
검은 눈동자
curly hair
straight hair

UNIT 07

간식 | snac**k**
숙제 | hom**e**work
목욕 | **b**ath
휴식 | r**e**st
산책 | wa**l**k

UNIT 08

국수, 면류 | nood**l**e
고기 | mea**t**
채소 | ve**g**etable
과일 | fr**u**it
후식, 디저트 | de**s**sert

UNIT 09~12 p.144

UNIT 09

소고기 카레 | b**e**ef c**u**rry
새우버거 | shri**m**p b**u**rger
달걀 샌드위치 | **e**gg sandwi**c**h
닭고기 샐러드 | chic**k**en sala**d**
사과 파이 | ap**p**le pi**e**

UNIT 10

맛있는 | d**e**licious
(맛이) 짠 | sa**l**ty
(맛이) 신 | so**u**r
달콤한 | s**w**eet
매운 | spi**c**y

UNIT 11

지루한 | b**o**red
바쁜 | bus**y**
몹시 화가 난 | **m**ad
졸린 | slee**p**y
목마른 | t**h**irsty

UNIT 12

빠른 | fa**s**t
빠르게 | fas**t**
늦은 | **l**ate
늦게 | la**t**e

높은 | high
높게 | high

UNIT 13~16 ······ p.145

UNIT 13
한국 | Korea
미국 | The United States
독일 | Germany
중국 | China
일본 | Japan

UNIT 14
한국의 | Korean
미국의 | American
독일의 | German
중국의 | Chinese
일본의 | Japanese

UNIT 15
별 | star
무지개 | rainbow
하늘 | sky
달 | moon
구름 | cloud

UNIT 16
빛나는, 밝은 | bright
색채가 풍부한 | colorful
아름다운 | beautiful
평화로운 | peaceful
훌륭한, 놀라운 | wonderful

UNIT 17~20 ······ p.146

UNIT 17
외투 | coat
반바지 | shorts
바지 | pants
치마 | skirt
잠옷 | pajamas

UNIT 18
수학 | math
과학 | science
영어 | English
사회 | social studies
체육 | P. E.

UNIT 19
문을 열다
close the window
speak slowly
손을 씻다
wear a **swimming** cap

UNIT 20
교실에서 뛰다
touch **it**
push one's friend
enter here
음식을 먹다

UNIT 21~24 ······ p.147

UNIT 21
take a picture
펜을 사용하다
TV를 보다
bring a dog
화장실에 가다

UNIT 22
자전거를 타다
쿠키를 만들다
play a game
도서관에 가다
draw a picture

UNIT 23
박수를 치다 | clap
기침하다 | cough
울다 | cry
(소리 내어) 웃다 | laugh
(한 발로) 깡충 뛰다 | hop

UNIT 24
가르치다 | teach
배우다 | learn
주다 | give
가져가다 | take
일하다 | work
놀다 | play

UNIT 25~28 .... p.148

UNIT 25

항상 | always
보통, 대개 | usually
자주 | often
가끔 | sometimes
절대 ~ 않다 | never

UNIT 26

피자를 주문하다
listen to music
밖에서 놀다
take a **nap**
brush one's teeth

UNIT 27

한 번 | once
두 번 | twice
세 번 | three times
네 번 | four times
다섯 번 | five times

UNIT 28

go to the **park**
콘서트에 가다
go on a **picnic**
여행을 가다
go **fishing**

UNIT 29~32 .... p.149

UNIT 29

지루한 | boring
재미있는 | interesting
쉬운 | easy
어려운 | difficult
(값이) 싼 | cheap
값비싼 | expensive

UNIT 30

옳은, 오른쪽의 | right
밝은, 가벼운 | light
가득 찬, 배부른 | full
열심히 하는, 딱딱한 | hard

UNIT 31

~ 위에
~ 안에
~ 아래에
in front of
next to

UNIT 32

~시(정각) | o'clock
(시간이) ~을 지나서 | past
15분 | quarter
30분 | half
(시각이) (몇 분) 전 | to

UNIT 33~36 .... p.150

UNIT 33

그것을 이해하다
get a **job**
문자를 받다
get **home**
버스를 타다

UNIT 34

~해 보이다 | look
~하게 느끼다 | feel
~한 맛이 나다 | taste
~한 냄새가 나다 | smell
~하게 들리다 | sound

UNIT 35

제빵사 | baker
독자 | reader
화가 | painter
선원 | sailor
배우 | actor

UNIT 36

과학자 | scientist
피아노 연주자 | pianist
예술가 | artist
치과 의사 | dentist
관광객 | tourist

UNIT 37~40 ········· p.151

UNIT 37

채우다 | fil**l**
연습하다 | practi**c**e
키우다 | gro**w**
그리다 | dra**w**
물을 주다 | **w**ater

UNIT 38

fill the cup
기타를 연습하다
grow onions
지도를 그리다
water **plants**

UNIT 39

박물관 | muse**u**m
바닷가 | be**a**ch
농장 | fa**r**m
시장 | ma**r**ket
동물원 | **z**oo

UNIT 40

키가 더 큰 | talle**r**
힘이 더 센 | strong**e**r
더 빠른 | f**a**ster
더 느린 | slo**w**er
더 어린 | youn**g**er

UNIT 41~44 ········· p.152

UNIT 41

유용한, 쓸모 있는 | use**f**ul
소용없는, 쓸모없는 | use**l**ess
강력한 | powe**r**ful
힘이 없는 | po**w**erless
도움이 되는 | help**f**ul
도움이 없는 | helples**s**
유해한 | **h**armful
무해한 | harm**l**ess

UNIT 42

앉다 | si**t**
일어서다 | sta**n**d
빌리다 | bor**r**ow
빌려주다 | **l**end
이기다 | **w**in
지다 | lo**s**e
살다 | li**v**e
죽다 | d**i**e

UNIT 43

돌, 석재 | s**t**one
유리 | glas**s**
나무, 목재 | wo**o**d
고무 | rubb**e**r
금속 | meta**l**

UNIT 44

부드러운 | s**o**ft
거친 | rou**g**h
매끄러운 | sm**o**oth
날카로운 | shar**p**
차가운 | **c**old

UNIT 45~48 ········· p.153

UNIT 45

travel **abroad**
get a **100**
시험을 통과하다
사람들을 돕다
be a **photographer**

UNIT 46

jump **rope**
그네를 타다
plant flowers
잎을 모으다
play soccer

UNIT 47

졸업식 | **g**raduation
생일 파티 | birthd**a**y p**a**rty
장기 자랑 | talen**t** **s**how
영화 축제 | mo**v**ie fe**s**tival
체육 대회 | s**p**orts **d**ay

UNIT 48

(돈을) 지불하다 | **p**ay
운반하다 | car**r**y

먹이를 주다 | fe e d
만들어 내다 | bui l d
만나다 | m e et

UNIT 49~52 p.154

UNIT 49

가입하다, 연결하다 | j oin
계속 있다 | s t ay
가다 | g o
떨어지다 | f a ll
(행동을) 하다 | d o

UNIT 50

join a book **club**
계속 침대에 있다
go hiking
fall into a **hole**
발레를 하다

UNIT 51

속상한 | u p set
자랑스러워하는 | pr o ud
짜증이 난 | anno y ed
신이 난 | ex c ited
걱정하는 | worr i ed

UNIT 52

break one's leg
score a goal
개를 잃어버리다
경기를 이기다
say **goodbye**

UNIT 53~56 p.155

UNIT 53

(전기·가스 등을) 켜다
(전기·가스 등을) 끄다
put on
벗다
get **in**
나오다
pick up
버리다

UNIT 54

사다 | b u y
팔다 | s e ll
시작하다 | sta r t
끝내다 | fi n ish
(돈을) 모으다 | sa v e
(돈을) 쓰다 | spe n d
보여 주다 | s how
감추다 | h ide

UNIT 55

기침 | cou g h
독감 | fl u
복통 | stom a chache
인후염 | sor e throa t
콧물 | runn y no s e

UNIT 56

get some **rest**
take some medicine
마스크를 쓰다
따뜻한 물을 마시다
병원에 가다

UNIT 57~60 p.156

UNIT 57

지구 온난화 | glo b al warm i ng
공기 오염 | a ir pollutio n
수질 오염 | w ater po l lution
소음 공해 | n oise po l lution
플라스틱 오염 | pla s tic polluti o n

UNIT 58

에너지를 아껴 쓰다
use a **personal** cup
전등을 끄다
reuse bottles
recycle paper

UNIT 59

wash the **dishes**
방을 청소하다
make **dinner**
그림을 그리다
cut **paper**

UNIT 60

talk **on** the phone
cross the street
개를 돌보다
피아노를 치다
fix the **glasses**

UNIT 61~64 ········· p.157

UNIT 61

use the **stairs**
자전거를 타다
pick up the **trash**
천 가방을 사용하다
clean a park

UNIT 62

wear a helmet
look left and **right**
빨간불에 멈추다
use the **crosswalk**
속도를 줄이다

UNIT 63

음악가 | musici**a**n
작가 | wri**t**er
시인 | poe**t**
승무원 | fli**g**ht atten**d**ant
자동차 정비공 | ca**r** en**g**ineer

UNIT 64

좋아하다 | lik**e**
~와 비슷한 | li**k**e
옷을 입다 | dr**e**ss
옷 | dres**s**
깨다 | b**r**eak
휴식 | **b**reak
(손·팔을) 흔들다 | wa**v**e
파도 | wav**e**

UNIT 65~66 ········· p.158

UNIT 65

믿다 | tru**s**t
믿다 | belie**v**e
끌다 | pul**l**
끌다 | d**r**ag
모으다 | gat**h**er
모으다 | coll**e**ct
전달하다 | del**i**ver
전달하다 | c**a**rry

UNIT 66

잠들지 않은 | aw**a**ke
잠이 든 | asl**e**ep
가까운 | ne**a**r
먼 | f**a**r
어두운 | dar**k**
(날·빛이) 밝은 | lig**h**t
곧은, 똑바른 | strai**g**ht
구불구불한 | cur**v**y

MEMO

MEMO